서천에서 소로우길을 걷다

서천에서 소로우길을 걷다

강석화

이든북

나는 저울대에 매달려 자신의 무게를 달면서 균형을 잡다가
나를 가장 강하게 그리고 가장 정당하게 끌어당기는 것에게
인력에 의해 끌려가고 싶다.
- 헨리 데이비드 소로우

작가의 말

서천으로 내려올 때 몸만 가져오려 했다. 집안 가득한 짐을 덜어내고 누구처럼 가뿐하게 살고 싶었다. 정리의 달인이 조언하는 대로 1년 동안 사용하지 않은 기물의 목록을 만들었다. 그랬더니 책은 거의 처분 대상이 되었다. 고심 끝에 3년 동안 손대지 않은 책을 골라보다가 다시 10년으로 늘리다가 결국 다 끌고 왔다.

마음도 두고 오려 했다. 새 술을 헌 부대에 담을 수는 없지 않은가? 10년이 지나 살펴보니 두고 왔던 마음들이 어느새 다 따라와 있다. 집과 창고에는 살림살이와 내 목공 도구들이 가득하다. 소로우가 되기는 글렀지만 강산이 변했으니 다시 덜어내야 할 때가 되었다.

시로 풀어내지 못한 이런저런 글들도 PC 안에, 책과 신문의 지면에 오래 박혀있다. 보잘 것 없지만 안타까운 마음이 든다. 다시 읽어보니 곳곳에 낯부끄러운 어설픔이 배어있다. 그러나 이 또한 나의 일부임이 분명하다.

마침 충남문화관광재단의 도움을 받게 되었다. 옛 사랑도 버리지 말자고 결심을 했다. 어차피 책을 내고 나면 후회하기 마련이니 이번에는 서둘러 후회하기로 하자. 나름 정리했지만 잡동사니 창고를 면하기는 어렵다. 그럼에도 털어냈다는 착각에 어깨춤이 가볍다. 조금은 편안해졌는지 새 기운이 솟는다. 졸문을 읽어주시는 임들께 감사드리며 소로우의 진중한 입을 빌어 인사에 갈음한다.

2025년 가을 강석화 드림

TABLE OF CONTENS
차 례

작가의 말　　　　　　　　　　　　　　05

1부
호모 티그나리우스

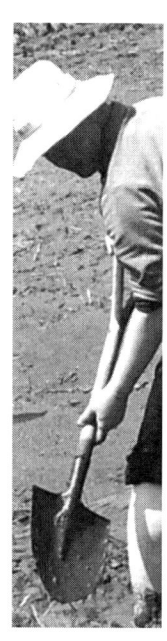

귀촌 10년　　　　　　　　　　　　　13
목기시대로의 귀환　　　　　　　　　18
한 잔의 발견　　　　　　　　　　　　22
서천예찬　　　　　　　　　　　　　　29
먹방과 카르페 디엠　　　　　　　　　38
혼밥으로 보는 현대인의 고독한 두 얼굴　43
귀 빠진 날의 단상　　　　　　　　　　47
JAZZ를 들으며　　　　　　　　　　　51
영화가 감동을 줄 때　　　　　　　　　55
다름과 코드의 윤리학　　　　　　　　57
아버지의 금강산　　　　　　　　　　　61

2부
아무르 표범처럼

뜨겁게 살자	67
사색의 곡괭이	69
의무에서 의미로	73
유레카의 순간	77
흔들리지 않는 삶	80
삶의 네 가지 얼굴	83
초인의 역설	87
잡념의 미학	91
헛나이 디딤돌	97
인사 10조	100
나의 말없음표	104

TABLE OF CONTENS
차 례

3부
보이지 않는 것을 보러

'일 포스티노' 이야기	109
서천에서 소로우길을 걷다	120
몽골과 서천아리랑	124
공짜공연과 무상복지	128
생문동의 매력과 가치	132
건반 위의 춤	136
중고제 판소리는 되살아날 수 있을까	140
인문학의 시선으로 박물관을 거닐다	145
지역예술의 과제	149
Dynamic Korea에서 Systemic Korea로	153
서천문학관을 꿈꾸며	157

4부
검소하나 누추하지 않고

실용주의와 제3의 길	165
지식에서 지혜로	170
진짜 부자가 되기 위한 3가지 재산	174
자유롭게, 자신 있게, 자연스럽게	178
착한 아이라는 이름의 덫	183
계층 사다리의 딜레마	188
부패와 부도덕의 뫼비우스 띠	192
노령화사회를 바라보는 3가지 관점	197
달마는 서쪽에서 오고 만공은 솔밭길을 가다	204
잃어버린 왕국, 백제	210
아직도 외로운 섬, 독도	221

1부

호모 티그나리우스

귀촌 10년

> 오늘도 하루 잘 살았다
> 굽은 길은 굽게 가고
> 곧은 길은 곧게 가고
> – 나태주

2014년에 천안에서 내려와 판교 산자락에 자리 잡은 지 10년이 넘었다. 3년이면 훈련병도 군복을 벗고 10년이면 강산이 변한다. 주민등록등본에 잉크가 마르고 밭갈이에도 요령이 붙었지만 아직도 반쪽짜리 농부다.

처음 시골행을 결심했을 때, 지인들은 부러워하거나 몇은 시큰둥했다. 막상 겪어보면 3년을 못 버티고 올라올 것이라고 웃으며 예언한 이도 있었다. 그 예언은 다행히 빗나간 지 오래다. 그러나 못 견딜 만큼의 고난을 겪으리라는 예측은 불행히도 적중했다.

시집살이가 귀머거리 3년, 벙어리 3년, 장님 3년을 견디는 일이라면 나의 시골살이는 손으로 3년, 발로 3년, 몸으로 3년을 때우는 일이었다. 특히 처음 몇 년은 고난의 행군이었다. 한옥 건축을 배우러 다니다가 손가락 한 마디가 잘려나간 것을 시작으로 통나무 옮기다가 허리에 금이 가고, 들깨 베던 낫에 인대가 끊어지고, 장작불 피우다가 다리에 화상을 입었다. 60 평생 동안 다친 것보다 퇴직 후 3년 동안 당한 부상이 압도적으로 많고 심각했다. 무지하고 의욕만 충만했던 까닭에 시행착오를 오로지 몸으로 감당한 탓이다.

 골고루 다쳐보고 말벌, 지네, 개, 뱀에 다 물려보고 나서야 몸보다 마음이 앞장서기 시작했다. 텃밭 농사에 대한 낭만적 열망이 제 자리를 찾은 뒤에야 산과 들이 품고 있는 다양한 모습과 맛이 새로운 감각으로 느껴졌다. 60년 만에 나물의 맛도 깨우치고 저녁 반주로 즐기던 위스키가 전통소주로 바뀌었다. 시도 좀 만지고 책과 음악으로 시간을 벗했다. 이제야 내가 그리던 시골살이에 근접하는 중이다.

 최근에는 골방에서 벗어나 사회적으로 의미 있는 일에 참여하고 있다. 서천의 문화예술에 다소나마 기여하는 일이다. 젊어서 돈 버는 일을 했으니 이제는 무리하지 않는 선에서 약간은 지갑을 터는 일도 해야 인생의 균형이 맞는다. 그런 계산을 떠나서 내 나이에 좋은 사람들과 어울리며 머리를 맞대고 무언가 보람 있는 일을 할 수 있다는 것은 대단한 축복이 아닐 수 없다. 범사에 감사하라는 말씀은 진리 중에 진리이지만 이 일은 평범한 일이 아니기에 감사를 넘어 자부심도 느낀다.

 내가 도시에 남았다면 공원을 산책하거나 골방에서 인터넷을 뒤지며 지내고 있을 것이다. 퇴직한 선배들의 일상이 그랬다. 그들은 여행 몇 번 다녀오고는 대개는 쳇바퀴 도는 다람쥐 신세가 되곤 한다. 규격화된 도시 환경은 서서히 끓는 물처럼 정신을 길들이며 몸을 삶는다.

그동안은 사회에 나를 맞춰가며 살았다. 인내와 조화, 가족과 사회적 성공을 향한 삶이었다. 그러나 어느 날 문득 깊은 의문이 찾아올 때가 있다. 나는 무엇인가? 남은 삶도 지금까지와 같은 것일까? 그때가 삶의 변곡점이다.

돌아보면 나는 마흔에 글을 쓰기 시작했고 예순에 시골로 옮겨 앉았다. 나답게 산다는 것은 삶의 기준을 내가 만들고 휘둘리지 않는다는 뜻이다. 자신을 확인하려는 선인들이 자연으로 돌아간 이유를 조금은 알 것도 같다.

그러나 귀향 아닌 귀촌은 사회적 이민이다. 기존의 사회적 유대가 끊어지고 낯선 상황과 대면한다. 익숙한 것과의 결별은 빈 몸으로 다시 출발점에 선다는 것을 의미한다. "이럴 줄 몰랐네."라고 후회하지 않으려면 많은 준비와 모든 것을 포용하려는 마음의 자세가 필요하다. 어설피 달려들면 제2의 인생이 장밋빛이 아니란 걸 도처에서 깨닫게 될 것이다.

어쨌든 10년이 지났다. 이제 조금은 요령이 생겨 욕심껏 몸을 부리지 않는다. 아침햇살을 맞으며 밭으로 내려가는 일로 하루를 시작하고 저녁에 반주 한 잔으로 마무리한다. 몸이 허락하는 한이 아니라 마음이 동하는 만큼만 일한다. 그 일이 자연과 벗하는 일이라는 점이 바로 귀촌의 목적이자 얻고자 하는 가장 큰 혜택이다. 틈틈이 좋은 사람들도 만난다. 해바라기가 실제로는 해를 따라 돌지 않듯이 가장 좋은 인간관계는 이해관계로 묶이지 않는 것이다.

넉넉한 것은 나를 들여다볼 시간이고 부족한 것은 돈과 기타 등등이다. 푸성귀 값만 빼고 시골에서도 들 돈은 다 든다. 도시와 비교해서 불편하고 합리적이지 않은 상황도 종종 겪게 되지만 굳이 불만은 없다. 전에는 아끼며 살았고 지금은 아쉬운 대로 살면 된다. 요령은 내 스스로 울타리를 치지 않는 것이며 부족해도 채우려 애쓰지 않는 마음이다. 나만 흡족하다면 우주가 돌아앉아도 견딜 수 있는 곳이 시골이다.

그동안 서울에서 30년, 천안에서 30년을 살았다. 이제 서천에서 30년을 살다 갈 참이다. 내게 서천은 서쪽의 천국이다. 시간의 밀도는 뒤로 갈수록 짙어진다. 그 길은 서쪽으로 뻗어있다. 노을 지는 그 길을 향해 천천히 걸어가려 한다. 시 한 편에 마음을 담아본다.

몇 천원 아끼려고
격을 팔지 말아야겠다

일을 위해 일하지 않고
마음 가는 길에 몸을 얹어야겠다

차창 밖의 나를 앞지르려
고속도로를 달리기보다

작은 것도 크게 보이는
오솔길을 걸어야겠다

밖을 둘러쌀 것은
산과 들로 충분하고

나를 채울 것은
가성비로 판단하지 않으리

남의 시선과 규격화된 의무와
나를 고수해온 울타리를 헐어야겠다

버킷리스트 지운 자리에
채송화와 토마토를 심고

개구리의 합창과 산자락 솔바람과
천천히 서쪽으로 걸어가는 사람을 그려야겠다

— 강석화, 「귀촌」

목기시대로의 귀환

조금씩 개인이고 싶다
조금씩 자연이고 싶다
– 이생진

고고학자들은 인류 문명의 발달 단계를 도구의 재료를 기준으로 나눈다. 석기시대와 청동기시대, 철기시대의 3시대 구분법(Three-age system)이 그것이다. 이러한 구분은 너무 헐거워 보인다. 이를테면 청동기는 상대적으로 영향이 제한적이었다. 시기상으로 짧았고. 주로 의식용이나 장식용으로 사용되었으며 일부 지역에서는 생략되기도 했다.[1]

특히 석기시대에 앞서 목기시대가 있었다 해도 놀라운 일은 아니다. 인류가 최초로 사용한 무기는 아마도 나무 몽둥이였을 것이고 막대기는 땅을 파거나 식물을 채집하는 도구로 쓰였을 것이다. 목기시대가

---
1) 청동기시대는 이집트의 사례와 같이 문화의 정도가 높으면서도 원료, 특히 주석(朱錫)이 없어서 청동기시대에 들지 못했던 사회가 있었던 점 등으로 인해 논란이 많다.

학설로 다루어지지 못하는 까닭은 입증할 유물이 적고 목재 가공 기술이 문명의 발달을 촉진한 시기를 특정하기 어려웠기 때문으로 보인다. 그렇다면 같은 논리로 목기시대를 굳이 부정할 근거도 없을 것이다. 아득한 나의 선조가 최초로 생산한 도구는 나무로 만들어졌을 것임이 틀림없다.

　도시생활을 접고 산자락에 자리 잡으며 처음 가까이한 취미가 목공이다. 죽은 나무를 다듬어 새로운 생명을 불어넣는 것은 무에서 유를 낳는 일이다. 어설픈 목수인 나는 나무를 깎고 붙이는 일에 비효율적으로 궁리를 거듭한다. 때로는 하루 종일 붙였다 떼었다 한다. 시행착오를 거듭하며 긴장한 세포는 아드레날린을 분비한다. 내 몸에는 목기시대의 피가 유전되고 있었다.

　목공은 머리와 손을 함께 써야하는 균형 잡힌 일이다. 목수는 숙련된 기술자이자 디자이너이고 예술가이며 무엇보다 창조자이다. 예수님의 직업이 목수인 까닭을 이제야 이해하게 되었다. 여우가 죽을 때 머리를 고향으로 향하듯 나는 철기시대가 한참 지난 후에 태어났지만 기꺼이 목기시대로 귀환하기로 작정했다.

　지난겨울 창고 처마 아래 펼쳐놓은 나의 야외공방으로 출퇴근을 했다. 서릿발 칼바람이 호전적으로 불고 먹이를 구하는 산비둘기처럼 가끔 눈발이 날렸으므로 장갑을 3겹으로 끼었다. 빙하기를 짐승처럼 견뎌야했던 목기시대의 인류를 생각하면 서천의 겨울은 봄날이었다.
　대패질로 태어난 톱밥은 장작불 붙이는데 요긴하게 썼다. 자투리 나무토막도 그 일에 동참했다. 톱밥과 자투리를 뺀 나머지로 침대 옆에 놓을 작은 탁자를 만들었다. 탁자들은 태어나자마자 누군가 집어갔다. 5개의 탁자를 만드느라 한겨울이 갔다. 그래도 남은 게 없다. 봄에도 탁자를 계속 만들어야하나 고심한다. 이 또한 즐거운 일이다. 나는 호모 티그나리우스[2]이다.

취미가 없는 삶은 건조하다. 취미는 의무가 아니므로 본연의 나를 돌아보게 한다. 생존을 위해 생업이 필요하듯 우리는 취미를 통해 자신을 재발견한다. 좋은 취미일수록 경지에 이르려면 여러 단계를 거쳐야 한다. 오랜 시간의 단련과 순간의 몰입은 수도자처럼 심신을 정화시키며 고통과 함께 극한의 쾌락을 제공한다.

공자는 즐기는 자가 최고[3]라 했지만 즐거움에 창의성이 더해지면 차원이 달라진다. 남이 만들어놓은 쉬운 길에는 아류의 함정이 도사린다. 그 함정에는 권태가 기다린다. 창의성이야말로 인간을 시험하며 스스로 주인이 되게 해준다. 그 단계마저 넘어서면 예술을 만난다. 취미가 예술로 승화되면 그의 영혼은 순간순간 빛날 것이다.

우리는 치열한 생존경쟁의 정글에서 살고 있다. 사회는 우리에게 전

---

2) 'Tignarius'는 라틴어로 '목재의' 또는 '목재와 관련된'을 의미한다. '호모 티그나리우스'는 필자가 글을 쓰기 위해 꾸며낸 말이므로 학술적 용어가 아니다.
3) 孔子는 아는 자와 좋아하는 자에 대한 비교우위로 즐기는 자를 평했다. 즉 best가 아니라 better의 개념이다. 그러므로 즐기는 자가 최고라는 의미는 아닐 것이다. 즐기는 자에 관한 공자의 말씀은 다음과 같다. 知之者 不如好之者 好之者 不如樂之者(지지자 불여호지자 호지자 불여락지자) / 아는 사람은 좋아하는 사람만 못하고, 좋아하는 사람은 즐기는 사람만 못하다 / 논어, 옹야편

력을 다하도록 요구한다. 절박해진 삶은 방법론으로만 채워진다. 피폐해져가는 우리의 영혼은 치유되어야 한다. 종교나 사랑, 어떤 이에게는 술도 처방이 될 수 있다. 그러나 취미는 어떠한 보상도 전제하지 않는다. 희생을 바라지도 않는다. 오직 스스로 흡족할 뿐이다.

1만 시간의 법칙[4]이 적용되더라도 내가 만드는 탁자는 여전히 투박할 수 있다. 그에 아무런 불만이 없다. 영혼과 함께 걷기 때문이다. 그 길은 완만하게 나를 부활시킨다. 경쟁과 욕망에 휩쓸려 매몰되어가는 현대인의 영혼은 취미를 통해 충전될 수 있다. 호모 사피엔스는 호모 티그나리우스가 되어야 한다.

---

4) '1만 시간의 법칙'은 미국의 신경과학자 다니엘 레비틴이 제시한 연구결과로 알려져 있다. 어떤 분야에서든 전문가로 인정받으려면 1만 시간은 투자해야 한다는 이론이다. 매일 3시간 이상으로 10년에 해당하는 오랜 기간이다. 개인차가 존재하므로 절대적인 기준은 아니지만 그 정도의 노력이 있어야 성공할 수 있다는 의미이다.

한 잔의 발견

> 술병은 잔에다 자기를 계속 따라 주면서
> 속을 비워 간다
> - 공광규

　나는 술을 좋아하지 않았다. 아니 싫어했다. 한때 폭주가 미덕이었던 시절이 있었다. 직장 상사들은 술 잘 마시는 사람이 일도 잘한다는 쌍팔년도 군대식 논리로 무장하고 폭탄주를 돌렸다. 회식은 업무의 연장이었고 술자리는 조직 단합과 동료 간의 의리를 다지는 조직관리의 중요한 업무의 하나로 여겨졌다.
　주량이 소주 두 잔에 불과했던 젊은 날의 나에게 술자리는 그야말로 의무방어전이었다. 피할 수 없어 참석하고 거절할 수 없어 여러 잔을 마셔야했다. 만취한 채 귀가하다가 소지품을 잃어버리거나 정거장을 지나치는 일이 종종 뒤따랐다. 늘 긴장되고 불편했다. 만약 내가 술을 잘 마셨더라면 조금 더 출세에 가까웠을지도 모른다.
　그런 내 주량은 아마도 유전인 듯하다. 아버지도 술에 약하셨는데 특이하게도 저녁 밥상에서는 반주를 한 잔씩 드시곤 했다. 나도 가끔 따라 마셨다. 아버지를 닮아서였을까? 그 한 잔의 소주는 억지스럽지 않아 편안했다.

그러다가 정년퇴직이라는 삶의 변곡점을 지나면서 비로소 술의 진정한 매력을 알게 되었다. 나 자신에게 온전히 집중할 수 있는 여유가 생기자, 아버지와의 추억을 되살려 반주 한 잔을 일과의 하나로 삼은 뒤의 일이다.

식사와 함께 느긋하게 마시는 한 잔의 술은 음식의 맛과 분위기에 돋구어준다. 그렇게 반주 한 잔이 나의 소소한 행복이 되었다. 그러면서 술에 대해 문외한이었던 내가 술의 매력에 대해 조금씩 알아가게 되었다.

주량은 적지만 나는 전에도 도수가 높은 술을 선호했다. 소주든 샴페인이든 취하는 건 내게 간단한 일이었다. 문제는 머리가 깨질 듯한 숙취에 있었다. 그러나 고량주나 양주 같은 독한 술은 숙취의 고통이 따르지 않아서 좋았다. 그렇게 맛보게 된 위스키를 통해 술에 대한 인식을 새롭게 할 수 있었다.

좋은 위스키를 한 모금 머금었을 때 느껴지는 묵직하고 깊은 향은 전에는 경험해보지 못한 새로운 세계였다. 전에 소주를 마실 때는 그 역한 맛에 절로 인상이 찌푸려지곤 했는데 나는 술맛은 원래 그런 것인 줄 알았다. 알고 보니 그건 원료로 주정酒精을 사용한 저렴한 술이었기 때문이었다. 그러나 제대로 맛보게 된 위스키는 소주와는 격이 달랐다.

그 뒤로 유명한 위스키들을 하나둘 사 모으기 시작했고, 그런 나를 보고 아이들도 외국 여행을 가면 그 나라를 대표하는 술을 사다주곤

했다. 각 위스키에 담긴 역사를 알아가는 과정 또한 흥미진진한 여정이었다. 다만, 위스키가 주는 묵직함과는 달리 섬세하고 복잡한 와인은 도수도 낮고 어렵게 느껴져서 내 수준에는 잘 맞지 않았다.

위스키에 대한 사랑은 우리의 전통주에 대한 관심으로 이어졌다. 술의 종류를 파고들다 보니, 우리가 흔히 접하는 진로, 선양 등의 대중적인 소주는 주정(에틸알코올)에 인공 감미료를 섞고 물로 희석하여 만든 술이라는 것을 알게 되었다. 그래서 곡물을 발효시킨 후 증류하여 만드는 전통 소주와 구별하기 위해 희석식 소주라고 부른다. 나는 이 사실을 알고 충격을 받았다. 여태 나는 무엇을 마셨던 것인가?

그래서 찾아 나섰다. 옛 방식대로 직접 곡물을 발효시키고 증류로 걸러내어 빚어낸 전통 소주들 몇몇을 찾아 시음해보며 우리 술도 위스키 못지않은 깊이와 향을 가졌음을 알게 되었다. 위스키로 시작된 내 술장에 '화요'를 비롯한 우리의 증류식 소주들이 자리를 차지하기 시작했다.

최근에는 막걸리에도 관심이 크다. 막걸리는 '막 거른 술'이라는 뜻이다. 쌀 등의 곡물을 쪄서 누룩과 물을 섞어 발효시킨 뒤, 술지게미를 대강 걸러서 만들기 때문에 색이 탁한 편이다. 그래서 한자로는 탁주濁酒라고 하는데, 먹거리 이름에 탁하다는 딱지를 붙이는 것은 좋아 보이지 않는다. 그래서인지 요즘은 거의 쓰이지 않는 이름이 되었다. 그런데 왜 막 거른 술이 되었을까? 음식 먹을 것이 부족했던 시절에 곡물이 발효된 술지게미를 버리는 것은 배부른 사치로 여겨졌을 것이다. 그래서 맑게 걸러서 만드는 일반적인 술과는 달리, 술지게미까지 함께 마시게 된, 가장 서민적인 술로 탄생한 것이다.

막걸리 마시는 법에 대한 오래된 논쟁도 있다. 어떤 분들은 지게미를 가라앉힌 후 맑은 윗부분만 마시는 것이 맛이 좋다고 하고, 다른 분들은 그건 막걸리를 제대로 마시는 게 아니므로 병을 흔들어 잘 섞어서 마셔야 제 맛이 난다고 주장한다. 나는 둘 다 좋은 방법이라고 생각한다. 술 마시는 일에 너무 교조적이거나 보수적일 필요는 없다. 서양인들이 위스키에 얼음 등을 넣어 하이볼이나 온더락으로 마시는 것처럼 술은 각자 좋은 방법으로 즐기면 되는 것이다. 그래서 술은 산업이지만 다양한 음주 방법은 문화가 된다.

내 관점에서 막걸리는 주정을 쓰지 않는 술이므로 일반 소주보다 훨씬 좋은 술이다. 특히 생막걸리는 살균과정을 거치지 않아서 발효 중인 유산균 상태이므로 여러 성분이 살아있어서 몸에 좋다고 한다. 더구나 여러 방식의 음주가 가능하다는 점은 생각하기에 따라 막걸리의 큰 매력 중 하나가 될 수 있다. 예를 들어 전지현은 치맥을 좋아한다는데 나는 치막(치킨+막걸리)을 좋아한다. 그녀는 아직 막걸리의 참맛을 알지 못함이 틀림없다.

다만 현재 시판 중인 대부분의 막걸리는 우리의 전통적 주조법이 아닌 일본의 간섭을 받은 것이다. 우리의 전통적인 누룩은 밀, 보리 등을 이용한 병국餠麴인 반면에 일본은 쌀을 이용한 입국粒麴을 썼다. 병국이 깊은 맛을 내는 반면에 입국은 관리가 용이하고 균일한 품질을 내기에 유리하다고 한다. 일제강점기 때에 일본인들이 그들의 입국을 사용해 막걸리를 개량했고 그 방식이 지금까지도 이어지고 있다. 그 후 시원한 맛을 내기 위해 탄산을 첨가하고 여러 인공감미료를 넣어 맛을 더하고 있다.

　최근에는 이에 대한 반성으로 병국을 쓰며 감미료를 사용하지 않는 전통 방식으로 막걸리를 빚는 젊은 양조장이 늘고 있다. 일반 막걸리와 가격차이는 좀 있지만 마셔보면 확실히 감칠맛이 느껴진다. 그래서 내 술장에는 전통 막걸리도 한 자리를 차지하고 있다. 잘 빚어진 막걸리 한 잔은 위스키나 증류식 소주와는 또 다른 시원하면서도 풍부한 맛으로 식탁을 풍요롭게 한다.

　물론, 술은 양날의 칼과 같아 절제하지 못하면 독이 될 수 있다. 매일 마시면 좋지 않다는 의사의 권고와 아내의 압력에 의해 나의 음주는 이틀에 한 번으로 줄어들었다. 덕분에 한 잔의 가치는 더 늘어났다. 취하기 위한 술이 아니라, 삶의 풍류를 더하고 맛있는 음식의 풍미를 돋우는 그야말로 반주飯酒가 된 것이다. 적당한 술은 삶의 윤활유가 되고 일상은 그만큼 넉넉해진다.

　이처럼 전통주의 매력을 탐구하면서, 자연히 내가 살고 있는 서천의 대표적인 전통주인 한산소곡주에 대한 관심도 커졌다. 옛 기록에 따르면 이 술은 천오백년 전 백제 유민들이 나라를 잃은 슬픔을 달래기 위해 빚었다고 한다. 고려 시대 문헌에도 기록될 만큼 명성을 떨쳤고, 조선 시대에는 진상주로 쓰이던 귀한 술이었다.

　한산소곡주는 찹쌀과 누룩, 들국화, 메주콩, 엿기름 등 10여 가지가 넘는 재료를 사용하여 100일 이상 저온 숙성으로 빚어내는 정성이 가득한 술이다. 혀에 닿는 첫맛은 달콤하지만, 목 넘김은 부드러워 자신도 모르게 연거푸 마시고 취하게 된다하여 '앉은뱅이 술'이라도 불린다.

한산소곡주의 가치는 단순히 맛있는 술에 그치지 않는다. 그것은 서천의 역사와 문화, 그리고 장인의 혼이 담긴 유산이다. 찹쌀을 찌고 누룩을 띄우며 기다림의 미학을 담아낸 이 술에는 선조들의 지혜와 자연을 거스르지 않는 삶의 철학이 녹아 있다.

이처럼 우리에게도 경쟁력 있는 전통술이 많은데 왜 더욱 발전시키지 못하는지 매우 아쉽다. 일본의 청주와 중국의 백주는 이미 세계적으로 명성이 높다. 심지어 한 병에 75억 원에 경매 낙찰된 마오타이주가 있을 정도이다. 그런데 왜 우리는 못하는 걸까? 일본과 대만도 성공시킨 위스키 산업을 왜 우리는 실패하고 있을까? 안타깝게도 우리의 주류 산업은 주세법이라는 큰 벽에 가로막혀 있다.

현행 주세법은 종가세從價稅 방식을 취하고 있다. 이는 가격에 비례해 세금을 부과하는 방식이다. 대량 생산해서 값싸게 공급할수록 세금이 낮아진다. 반면에 작은 양조장들은 고품질, 소량생산으로 단가가 높아질 수밖에 없으므로 세금도 따라 올라가서 가격경쟁력을 잃게 된다. 이는 다양하고 개성 있는 방식으로 좋은 술을 만들려는 양조장들의 노력을 가로막는 주범으로 지적된다. 좋은 술을 만들어도 값싸게 수입되는 외국 술과의 경쟁에서 밀릴 수밖에 없어 소비자의 외면을 받는다.

반면에 종량세 방식은 술의 품질과 무관하게 용량에 비례하여 세금을 부과하는 방식이다. 이는 고품질 주류의 경쟁력을 확보하는데 유리하다. 서구는 물론, 일본도 종량세 방식을 취하고 있다. 중국은 종가세와 종량세를 유연하게 병행하고 있다. 이러한 주세법의 차이 때문에 미국에서 만든 같은 위스키가 일본에서는 우리의 반값인 경우도 생긴다. 그래서 일본여행 가서 고급 위스키를 사면 비행기 표값이 떨어 진다는 우스개 소리도 심심찮게 나돈다.

이제 우리도 주세법을 바꿀 때가 되었다. 1병의 제조원가가 550원에 불과한 싸구려 소주가 아니면 술을 마실 수 없을 만큼 가난하던 시절은 벗어난 지 오래이다. 그러나 아직까지도 우리의 정책은 쌀로 술 빚는 것을 금지시켜서 어쩔 수 없이 값싼 주정으로 소주를 만들어야 했던 박정희 시절에 머물고 있다. 소비자의 입맛도 주정에 길들어 있어 좋은 술을 빚고 발전시키기 어려운 여건이다.

오랜 역사와 장인 정신이 깃든 우리의 술은 충분히 세계적인 경쟁력을 가질 수 있다고 믿는다. 한산소곡주처럼 지역의 정체성이나 나름의 특색을 담은 술들이 제대로 경쟁하고 발전하기 위해서는 주세법의 합리적인 개정과 관계자의 더 큰 노력이 필요하다. 그 덕에 나도 좀 더 저렴한 가격으로 맛 좋은 우리 전통술을 즐길 수 있게 되면 좋겠다.

한 잔의 술에서 시작된 나의 작은 취미는, 이제 우리 술의 미래를 응원하는 마음으로 확장되었다. 퇴직 후 비로소 알게 된 술의 매력처럼, 한산소곡주를 비롯한 우리 술도 언젠가 전 세계인에게 그 진가를 인정받는 날이 오기를 기원한다. 그날을 위해 오늘도 나는 반주 한 잔을 기울이며 나만의 풍류를 즐겨본다. 알싸한 행복이 작은 잔 안에서 나를 유혹하고 있다.

서천예찬

> 날줄과 씨줄이 서로 어우러지며 이어나가는,
> 한산 모시 같던
> 아, 아 내 삶의 촘촘함이여.
> – 윤석산

　퇴직은 나에게 기회였다. 나에겐 시골에서 제2의 인생을 시작하고픈 오랜 꿈이 있었다. 퇴직을 3년 앞두고 아내를 본격적으로 설득하기 시작했다. 말로는 부족해서 함께 농촌체험 여행을 다녔다. 마침 여러 곳에서 귀농귀촌 희망자들을 위한 농촌체험 프로그램을 운영하고 있었다. 대개 2박3일 정도였고 형식적인 참가비를 받았다. 우리부부는 여행 삼아 그런 프로그램에 참여했다.

　1년 동안 강원도부터 전북, 전남, 경남에 이르기까지 우리를 부르는 많은 곳을 순례했다. 성공한 영농인도 만나고 관리기 운전도 해보고 명소를 둘러보기도 했다. 교육생들과 서로 귀촌에 대한 정보도 나누며 친해지기도 했다. 막연했던 농촌생활이 윤곽을 잡기 시작했고 이해도를 높여나갔다. 처음에는 반신반의하던 아내도 나중에는 "괜찮을 수도 있겠네."로 바뀌었다.

　퇴직을 2년 앞두고는 귀촌할 곳을 찾아다녔다. 나이 먹으면 따뜻한 곳에서 사는 게 좋다는 말에 혹해서 남쪽 바닷가를 찾아 경남과 전남을 돌아다녔다. 나는 어디든 다 좋았지만 아내는 까다로웠다. 그리고 바다가 가까운 지역을 원했다. 경남 쪽은 미세먼지가 덜하고 전남 쪽은 땅값이 비교적 싼 편이었다. 마음에 드는 곳도 있었다. 그러나 막상 계약을 하려니 걸리는 것이 많았다.

　우선 너무 멀었다. 옛날에는 귀양지였던 곳이다. 게다가 귀촌 예정지들은 소재지에서도 한참을 더 들어갔다. 서울 사는 아이들이 큰 맘 먹기 전에는 1년에 한두 번 오기도 어려워 보였다. 또한 거주지가 도 단위를 넘어가게 되면 기존의 인간관계망이 멀어지고 생소한 사람들과 새로운 관계를 시작하게 된다. 그래서 도의 경계를 넘는 이사는 사회적 이민에 다름 아니다. 아무리 제2의 인생이라지만 맨땅에 헤딩하는 것은 쉽지 않은 일이다.

　우리는 계획을 수정했다. 우리가 살고 있는 충남에서 적지를 찾기로 했다. 예산과 서천이 후보에 올랐다. 예산은 발전가능성이 높고 서천은 충남에서 가장 남쪽이었다. 고민은 길지 않았다. 아내가 원하는 바다 가까운 곳, 그리고 내가 원하는 남쪽. 바로 서천이었다. 특히 서천은 바다와 강, 산과 들을 모두 갖춘 이상적인 지역이면서 철도와 고속도로가 지나는 교통의 요지이기도 했다. 우리나라에서 이런 조건을 다 갖춘 곳은 별로 많지 않다.

　인간은 환경의 동물이라서 살고 있는 지역의 특성에 영향을 받는다. 서천은 아직 덜 개발된 지역이어서 자연 속에서 여유로운 삶을 추구하기에 유리했다. 인근에 군산이라는 큰 도시가 있는 것은 덤이었다. 우여곡절 끝에 판교면에 다랑논이던 땅을 샀다. 논에 물을 빼고 1년 동안 땅을 말렸다. 퇴직하자마자 집을 짓기 시작했다. 소로우의 월든은 아니지만 산자락에 붙은 마을 끝집이 내 새로운 보금자리가 되었다.

우리 마을의 큰 장점 중 하나는 판교역에 붙어있다는 점이다. 집에서 차로 3분 거리인 이른바 역세권이다. 기차는 생활에 선택권을 더해준다. 돈 주고도 살 수 없는 유력한 이동수단이다. 요금도 미안한 수준이다. 나는 종종 서울 나들이를 하는데 어지간하면 기차로 간다. 3시간 동안 음악을 듣거나 잠깐 졸면 용산이다. 하행선도 가끔 이용한다. 원광대병원에 정기 진료를 받으러 처음엔 차를 끌고 다녔다. 운전하면 40분이고 기차로 가도 역시 40분인데 익산역에서 병원까지 버스로 20분이 더 걸릴 뿐이다. 범사에 감사하라는 말씀은 참으로 옳다. 나는 철도청에 감사하며 살고 있다.

서천은 고속도로도 2가닥을 품고 있다. 서해안고속도로가 남북으로 관통하고 서천공주고속도로가 동북쪽으로 갈라져 나간다. 서울의 서쪽 지역으로 가려면 서해안고속도로를 타는 게 낫고 서울의 중앙이나 동쪽으로 가려면 서천공주고속도로가 빠르다. 이 또한 선택의 폭을 넓혀준다. 이에 더해서 왕복 4차선의 국도4호선이 판교를 중심으로 방향을 틀며 지나간다. 국도4호선은 동쪽으로는 국토를 횡단해서 경주에 닿고 남쪽으로는 부안으로 향하는 총 연장 417km의 긴 길이다. 언젠가 한 번쯤은 그 길을 끝에서 끝까지 달려볼 작정이다.

서천은 서해를 접했을 뿐만 아니라 금강을 끼고 있는 풍요로운 지역이다. 조선조 이중환이 「택리지」에서 "백마강 이하 진강鎭江 일대는 모두 배편이 통한다."고 했듯이 예로부터 금강을 따라 수운이 활발했다. 금강과 서해가 만나는 장항 지역은 물류 기지가 되어 용당나루를 비롯한 여러 나루터와 장암포 등의 포구가 형성되었다. 환경은 인간의 삶을 바꾸고 문화예술의 터전이 된다.

고종 때의 명창이자 중고제 판소리의 대가였던 김정근이 강경에서 살다가 장항으로 이사해 김창룡을 낳았다. 당시 소리꾼들은 사람과 돈이 몰리는 곳을 따라 거처를 잡았으므로 장항의 번화함을 충분히 짐작할 만하다. 김창룡은 역시 서천에 살던 이동백과 함께 김정근에게 소리를 배웠다. 두 사람은 장성한 후, 근세 5명창의 반열에 올라 역사에 이름을 남겼다. 금강이 아니었다면 서천에서 불세출의 두 거장이 태어나는 일은 없었을 지도 모른다.

장항의 옛이름은 기벌포였다. 당나라와 신라가 동맹을 맺고 백제를 공략하기 위해 최초로 상륙한 곳이 바로 서해의 요충지 기벌포였다. 이곳에서 소정방이 이끄는 당군의 돌연한 습격으로 백제 강토는 피바람에 휩싸였다. 전장의 흙은 백제 군신의 피로 물들어 강물조차 붉게 물들었다. 백제가 망하고 고구려가 항복한 후 당나라는 평양 이남과 백제의 땅을 신라에게 주기로 했던 약속을 어기고 신라까지 복속시키려 들었다. 신라는 나라의 명운을 걸고 당과 투쟁할 수밖에 없었다. 7년 동안의 치열한 전투로 온 강토가 피로 물들었다. 675년 매소성 전투에서 신라가 큰 승리를 거두자 당은 한강 유역에서 물러서며 대신 금강으로 다시 진입할 계획을 세웠다. 마침내 676년, 설인귀가 대함대를 이끌고 기벌포로 내려오자 신라는 100여 척의 함선으로 맞섰다. 기습을 당한 신라는 첫 전투에서 패했지만 다시 반격하여 크고 작은 22차례의 전투를 주고받았다. 후대에 「기벌포 해전」으로 불리게 된 마지막 전투에서 신라는 최종적인 승리를 거두었고 대동강 이남의 땅을 지켜냈다. 다만 고구려 옛 땅 대부분은 당에 빼앗겨야 했다. 장항 솔숲의 높이 15m의 스카이워크에 오르면 「기벌포 해전 전망대」가 있다. 밀려오는 물결마다 천 년의 신음을 머금고, 물러가는 썰물마다 잊힌 전사들의 숨결을 토해내며, 시간은 무심하게도 그 붉은 흔적을 모래 위에 새기고 지운다.

그 치열한 인간사를 지켜보는 금강은 오늘도 서해로 흘러들고 하굿둑 근처 강변에는 갈대밭이 절경을 이루어 짝을 맞춘다. 신성리 갈대밭은 폭 200m, 길이 1.5km의 광활함으로 하늘과 땅과 강을 잇는다. 영화감독들이 이러한 감성을 놓칠 리 없다. 「공동경비구역 JSA」의 긴장감이 스민 그림자, 「추노」의 질긴 생명이 스치는 순간이 갈대 사이로 스며들어, 오늘도 낯선 발걸음들을 이 곳으로 이끌고 있다.

그 발걸음들은 가을의 마지막 숨결이 황혼의 장막을 드리우는 것을 본다. 검은 강물이 어둠을 찾아가고 황금빛 갈대밭은 바람에 몸을 뒤척인다. 그 위로 붉은 노을이 하늘을 불태우는 순간, 천상의 춤곡이 울려 퍼진다. 수천의 날개가 일제히 허공을 가르며 별빛처럼 흩어졌다 모이기를 반복한다. 마치 신이 그린 거대한 서사시가 하늘의 캔버스를 물들이는 듯하다. 가창오리의 황홀한 군무 속에서 시간은 멈추고, 자연이 빚어낸 최고의 예술 앞에 모두들 잠시 숨죽인다. 그 장엄한 자연의 대서사시를 잡아내려고 전국에서 수백의 사진가들이 몰려들어 강변에 진을 치는 것도 진풍경이다. 나도 몇 번 도전해봤지만 내 사진은 작품이 아닌 기록에만 충실하려해서 요즘은 사이가 멀어지고 말았다.

갈대밭 사이로 굽이쳐 흐르는 황금빛 미로를 따라 걸으면, 발끝에 스민 토사의 숨결이 내 안의 먼 시간을 깨운다. 바람에 흔들리는 갈대의 노래가 귓가를 맴도는 사이, 나는 서서히 풍경 속으로 녹아들고, 그림자마저 잊은 채 비단강에서 불어오는 한 줄기 바람처럼 길을 헤맨다. 그 끝에서 마주하는 것은, 시간도 나도 사라진 채 오직 자연만이 숨 쉬는 투명한 순간이다.

금강을 즐기는 방법 중에 또 하나는 잘 정비된 금강 자전거길을 따라 페달을 밟는 일이다. 금강하굿둑에서 출발해서 부여, 공주, 세종을 지나 대청댐에 이르는 146km의 이 길은 그림 같은 풍경이 이어지는 명품 라이딩 코스로 전국적으로 명성이 높다. 전체 구간이 잘 정비되어 있고 국토종주 인증센터가 주요 지점마다 설치되어 있어 소소한 성취감도 채워준다. 이 먼 길을 하루에 주파하는 천하장사들이! 아니 여기는 금강이니까 금강장사들이 꽤 있는 모양이지만 구간을 나누어 즐겨도 충분하다. 특히, 금강하굿둑 인증센터에서는 무료로 자전거를 빌려주고 있다. 짧은 시간이라도 부담 없이 달려보면 절대로 후회하지 않을 멋진 추억이 될 것이다.

갈대밭을 품고 있는 이 지역은 모시의 명산지로 유명한 한산면이다. 모시 1필이 밥그릇에 다 들어갈 정도도 가늘고 가볍다는 한산세모시는 최고급 옷감으로 진상품으로 올려졌으며 중국 황실로 보내는 공물이었다. 당시 모시 짜는 처녀는 서로 모셔가려 다투는 최고의 신부감이었다. 지금은 유네스코 무형문화유산으로 지정되어 보존에 힘쓰고 있다.

이 곳에 왔다면 한산소곡주와 모시떡도 빼놓을 수 없다. 특히 소곡주는 백제로부터 이어져 온 역사 깊은 전통주이다. 한자로는 소국주小麴酒로 표기하는데 누룩을 적게 쓴 술이라는 뜻이라 한다. 그래서 술이 맑은 편이고 100일 동안 숙성을 하므로 향이 뛰어나다. 부드럽지만 도수가 제법 높아서, 마시면 일어나지 못한다는 '앉은뱅이 술'이라고도 불린다. 술 때문이 아니라 마주 앉은 그대 때문에 못 일어난다면 더욱 좋을 것이다.

한산모시관에서 고갯길을 두어 걸음 오르면 '신석초 시비'가 세워져 있다. 그는 '시조'라는 명칭의 기원이 된 석북 신광수의 7대손이다. 그의 가문인 고령 신씨 일가는 조선시대부터 뛰어난 문장가를 숱하게 배출한 명문가로 이름이 높다. 그는 「처용은 말한다」 등의 명시를 남겼다. 붉게 타다 간 그의 시비에는 「꽃잎 절구」 한 편이 새겨져 있다.

> 저문 산 길가에 져
> 뒤둥글지라도
> 마냥 붉게 타다 가는
> 환한 목숨이여.
> – 신석초, 「꽃잎 절구」 중에서

한산에서 서북으로 향하면 곳곳이 문향文鄕이다. 기산면에는 나태주 시인의 생가가 있고 시초면에는 구재기 시인의 생가가 있다. 서천군은 나태주 생가 주변을 정비해서 곧 일반에 공개할 것이며 서천문학관도 몇 년 안에 건립할 계획이라 한다. 그러면 생가와 시비들을 둘러보고 문학관에 들러 그분들의 자취와 삶을 돌아보는 문학관광코스가 생길 것이다. 문학관 가까운 곳에 서천특화시장과 여러 맛집들이 있어서 먹거리도 충분하다.

우리나라에서 유네스코 유산을 2종 이상 보유한 시·군은 서울을 비롯해서 7곳에 불과하다. 서천도 그 중 하나로, 유네스코 인류무형문화유산으로 지정된 한산모시짜기와 더불어 서천갯벌이 유네스코 자연유산으로 지정되어 있다. 선도리 갯벌체험마을이나 월하성, 다사리, 유부도 등이 대표적인 서천갯벌 탐방지이다. 아이들을 데리고 온 가족들이 즐겨 찾는 곳이다. 서천에서는 서천갯벌을 대상으로 전국디카시 공모전이 열리기도 해서 즐거움이 더해진다.

금강하굿둑에서 멀지 않은 곳에 국립생태원이 있다. 규모가 어마어마해서 하루 이틀 만에 다 둘러볼 수 없을 정도이다. 그 중에서 방문객이 가장 많은 곳은 에코리움이다. 그 곳에는 열대와, 사막, 지중해, 온대, 극지의 다섯 기후대로 지구의 자연을 분류해서 전혀 다른 다섯 세상을 한눈에 감상할 수 있게 해준다. 이곳에서 자연은 더 이상 정복의 대상이 아니라, 공존의 마당으로 거듭난다. 에코리움 뒤편에는 내가 좋아하는 소로우 길도 있다. 내면의 길을 순례하고 싶다면 꼭 들러보기를 권한다.

그 외에도 봄이면 꼭 찾아가야 하는 동백정이 있고 서해안에서 바다 위로 뜨는 일출을 볼 수 있는 마량포구도 새해맞이 명소로 유명하다. 특히 마량포구는 우리나라 최초로 성경이 전래된 곳이다. 성경전래기념관과 당시 영국의 함선을 되살린 기념물이 조성되어 있어 특별한 경험을 할 수 있다. 이 밖에도 무수히 많은 명소와 이야기 보따리가 있지만 한이 없으므로 이만 줄인다.

서천은 자연이 빚어낸 오케스트라를 갖고 있다. 강과 바다, 산과 들이 어우러져 사계절 내내 다채로운 선율을 연주하며, 그 속에는 유구한 역사와 독특한 문화, 그리고 시대를 밝힌 인물들의 이야기가 스며들어 있다. 시골이라서 부족한 것도 많지만 그것은 상대적인 것이다. 앞으로 발전가능성도 충분하다.

만약 천국에 사는 사람이 있다면 그 사람이 천국의 가치를 제대로 느끼며 그만큼 행복할지 가끔 의문이 든다. 오히려 지옥을 부러워하며 열등감에 빠져 있을지도 모른다. 내가 부족함이 많기에 나는 이 아름다운 땅이 주는 모든 것에 감사하기로 마음먹는다. 나에게 서천은 서쪽의 천국이다.

먹방과 카르페 디엠

> 왜 우리는 밥상이 가로놓여야 비로소 편안해지는가
> 너와 나 사이 더운 밥 냄새가 후광처럼 드리워져야
> 왜 비로소 입술이 열리는가
> – 문성해

    모임이 끝나고 한적한 식당을 찾아 아구찜을 먹는 중이었다. 티비에서 먹방이 방영되고 있었다. 하필이면 아구찜이었다. 리포터는 갖가지 재료와 비법에 감탄하며 먹어댔다. 괜스레 식당 주인 보기가 민망했다. 앞에 앉은 동료가 한 마디 했다. "공짜로 먹으면 다 맛있지. 요즘 티비는 죄다 먹자판이야!"
    바야흐로 먹방의 시대이다. 티비를 틀면 온갖 먹거리가 쏟아져 나온다. 잘 먹어대는 연예인이 전성기를 누린다. 생소했던 '셰프'라는 호칭이 '주방장'을 밀어내고 일상어가 되었다. 온갖 맛집 리스트가 돌아다닌다. 언제부터 우리가 이토록 기름진 식탁을 즐겼던가? 단군 이래 먹거리가 가장 풍요로운 시대를 맞아 방방곡곡에서 먹자판이 벌어지고 있다.

먹방의 유행은 영국의 잡지 '이코노미스트'를 통해 해외로도 소개되었다. 장기적인 경제 침체로 한국인들에게 깔려있는 불안감과 불행이 원인이라는 설명도 곁들였다.[1] 한류를 등에 업고 유튜브 등에서 확대 재생산된 'Mukbang'은 옥스퍼드 사전에 고유명사로 등재되었다. 대단한 신드롬이다. 일시적인 유행으로 흘려버리기에는 그간의 성공이 아깝다. 우리가 먹방을 주목해야하는 이유이다.

먹방은 오락 프로그램이다. 대충 늘어놓고 마구 먹어도 흉이 되지 않는다. 인기의 비결이자 약점이어서 웃음은 있지만 울림은 없다. 비주얼은 있지만 미학은 없다. 그러나 티비의 장점인 영상미를 살리며 인문학적으로 접근한다면 발전 가능성은 충분하다. 오락과 문화를 결합하면 개그맨보다 문화 비평가의 유머가 더 흥미로울 수 있다. 조리법보다 아름다운 상차림에 주목한다면 전혀 다른 작품이 나올 수도 있다.

아내와 나는 '한식대첩'이란 방송을 즐겨 보았다. 이 프로그램은 전통음식의 재현이라는 분명한 지향점을 지녔다. 먹는 연기에 의존하지 않는 면도 좋았다. 그러나 한계도 여전했다. 전통의 재해석과 어울리는 상차림, 그것을 제대로 먹는 법까지 보여주었다면 품격을 달리할 수 있었을 것이다. 하드웨어는 있는데 소프트웨어가 없어 발전하지 못하는 우리 문화의 취약점이 여기서도 되풀이되고 있었다.

이른바 맛집의 기준도 무비판적이다. 오로지 손님이 많은가에 달

---

[1] The economist(2015. 6. 27)는 현재 한국은 푸드쇼가 대세라고 보도하면서 '백종원의 집밥', '오늘 뭐먹지', '냉장고를 부탁해', '삼시세끼', '별에서 온 쉐프' 등을 소개했다.

렸다. 그러나 모든 사람의 입맛에 맞는 음식이라면 굳이 찾아가서 먹어볼 필요는 없지 않을까? 그들의 맛집이란 그저 '무난한 집'을 뜻한다. 반면에 손님이 적더라도 주인이 소신을 갖고 오랫동안 한 방면으로 특화된 곳도 적지 않다. 진정한 식도락가라면 아마도 후자를 맛집으로 인정할 것이다. 예를 들어 내가 단골로 다니는 서천의 작은 순대국밥집은 테이블 3개가 간신히 놓인 손바닥만한 곳이고 칠순 넘은 할머니가 혼자 꾸려가는, 전혀 반듯하지 않은 식당이지만 내 기준으로는 몇 안 되는 맛집에 속한다.

먹방이 인기를 끄는 이유는 무엇일까? 군사독재정권 시절의 사회적 트렌드는 이른바 3S였다, 스크린, 스포츠, 섹스는 우민정책의 상징으로 간주되기도 했다. 실제로 프로야구와 올림픽에 국민의 관심이 집중되곤 했다. 민주화를 이루고 소득이 높아지면서 집단적 욕구가 약해지고 개인의 취향이 다양하게 분출하고 있다. 그들의 개별적 행동이 모여 새로운 트렌드가 형성된다. 맛집을 찾고 여행을 떠나며 취미를 즐긴다.

캠핑도 열풍이다. 나도 캠핑장에 가보았다. 값비싼 캠핑카와 고급 텐트가 즐비했다. 그들은 텐트를 치자마자 바쁘게 고기를 구웠다. 아이들은 대형 스크린으로 만화영화를 보았다. 어른들은 '카르페 디엠'을 외치며 새벽까지 술을 마셨다. 아침에 산책을 나가보니 먹다 남은 음식찌꺼기가 캠핑장에 가득했다. 그들의 반짝이는 캠핑카와 텐트가 갑자기 남루해 보였다. 캠핑장비는 첨단이었지만 캠핑문화는 먹방 수준이었다.

카르페 디엠(Carpe diem)은 로마의 시인 호라티우스의 시에서 유래한 라틴어이다. 영화 '죽은 시인의 사회'에 삽입되면서 대중에 알려졌다. '현재를 즐겨라'의 뜻으로 널리 쓰인다. 그러나 원문의 의미는 '현재를 움켜 잡아라'이다.[2] 근면을 미덕으로 삼던 기성세대들은 아마도 후자의 교훈적인 해석을 선호하겠지만 시대는 이미 바뀌었다.

사회적 트렌드로 떠오른 이른바 '욜로 라이프'도 이러한 이중적 의미를 담고 있다. 욜로(YOLO)[3]는 'You Only Live Once'의 약자로 미국 대중가요의 가사에서 유래되었다. '한번 뿐인 인생'의 뜻으로 쓰인다. 미래보다는 현재를, 타인보다는 자신의 행복을 중시하는 태도를 특징으로 한다. 다분히 서구적인 사고이며 소비지향적인 개념이다.

하고 싶은 것을 추구하며 후회 없이 사는 것은 모두의 꿈이다. 기성세대들도 모르지 않았지만 실천은 어려운 문제였다. 욜로 라이프는 풍족한 환경에서 성장한 신세대다운 행동양식이다. 그러나 의미심장한 부연설명에도 불구하고 '카르페 디엠'이 술자리 건배 구호로 전락했듯이 우리의 '욜로 라이프'는 '욕구 라이프'로 채워지고 있다. 즐기고

---

2) 호라티우스의 시에 나오는 카르페 디엠의 문구는 이러하다. 'Carpe diem, quam minimum credula postero.(현재를 잡아라. 미래에는 최소한의 기대만 걸어라)' 전체적인 맥락은 지금 주어진 기회를 놓치지 말라는 의미로 보아야 한다. '현재를 즐겨라'라는 해석은 '죽은 시인의 사회'에서 우리말 해석으로 제시된 것인데 이후 널리 쓰이고 말았다. 아무도 오역이라고 생각한다. 영화에서도 키팅 선생이 카르페 디엠을 설명하며 'Seize the day'라고 했다.
3) YOLO라는 조어는 미국의 랩가수 드레이크가 2011년에 발표한 'The Motto'라는 노래의 가사로 처음 등장했다. 그 곡이 빌보드 차트 14위까지 오르면서 'YOLO'가 입에 오르내렸고 여러 백화점 상품에 사용되면서 널리 유행되었다. 가사 내용은 다음과 같다. 'You only live once: that's the motto nigga, YOLO'

보자는 풍조가 이래저래 정당화되어 간다.

　어떤 이들은 '카르페 디엠'이라 쓰고 '노세 노세 젊어서 노세'라 읽는다. 유행에 따라 '욜로 라이프'로 갈아타기도 한다. 물론 잘 먹고 잘 놀러 다니는 것이 잘못은 아니다. 다만 그것을 통해 무엇을 얻을 것인가에 대한 고민도 그만큼 필요하다. 몸으로만 즐기면 잘 지낼수록 공허해지는 내면과 맞닥뜨리게 된다.

　인간은 불평등하게 태어나며 오직 시간 앞에서만 평등해진다. 그래서 인간에겐 선택권이 주어진다. 카르페 디엠도 욜로 라이프도 지금 이 순간 우리가 무엇을 지향하느냐에 따라 달라진다. 내 삶의 가치는 내가 부여한다. 시간의 소비자가 될 것인가, 주인이 될 것인가는 내게 주어진 이 순간을 어떻게 빚어내느냐에 달렸다.

　오늘은 내 인생에 마지막 날이 아니다. 남아있는 날들의 첫날이다.[4] 행복은 내 범주 안에 있다. 내 영혼이 동의하지 않는다면 우주 어느 곳, 어떤 행복도 무의미하다. 내 안에서 즐거움을 발견하고 키워가는 것, 그것이 진정한 욜로가 아니겠는가? 그러므로 지금 여기에 내가 오롯이 존재한다. 카르페 디엠!

---

4) 영화 '아메리칸 뷰티'에 나오는 대사이다. 'Today is the first day of the rest of your life.'

혼밥으로 보는 현대인의 고독한 두 얼굴

> 사람들 사이에 섬이 있다
> 그 섬에 가고 싶다
> – 정현종

며칠 전, 모임에서 어느 분이 혼자 밥 먹는 사람들에 대한 이야기를 들려주었다. 그 분은 개인주의가 너무 심해지고 있다며 개탄했다. 개인주의 탓으로 돌릴 문제는 아니라고 생각하지만 어쨌든 우리 사회에서 나홀로족의 증가는 이미 하나의 사회현상이 되고 있다. 혼밥의 증가로 마트의 진열대에는 1인용 식재료가 다양하게 등장하고 있다. 식당에서는 4인용 테이블을 줄이고 혼밥 전용부스를 설치하는 곳이 늘고 있다.

내가 사회 초년생이던 시절에는 혼자 점심식사를 하는 것을 부끄럽게 여겼다. 혼자 술 마시는 사람은 성격에 문제가 있는 것으로 낙인찍히기도 했다. 그런데 어느 사이에 그런 인식들이 많이 희석되었다. 이제는 식당에서 1인분을 주문할 때 조금은 덜 미안해해도 괜찮을 듯싶다. 어느새 겸상처럼 자연스러워진 혼밥은 현대인의 삶과 가치관 변화를 보여주는 중요한 문화 현상이다. 무엇이 우리를 변하게 만든 것일까?

'고독한 미식가'라는 TV프로그램을 즐겨 보았다. 혼자 맛집을 찾아다니며 새로운 요리를 음미한다는 단순한 내용으로 이루어져있다.[1] 혼자 다니므로 당연히 대화는 거의 없고 혼잣말로 채워진다. 관계가 사라지면서 주제가 도드라지는 효과가 있다. 시청자는 요리에 더 집중하게 된다. 그래서인지 혼자 밥 먹는 행위가 청승맞아 보이지 않는다. 심지어 경건한 구도자의 자세를 닮기도 했다.

중년 나이에 결혼도 하지 않고 맛 기행을 즐기는 자유로운 모습에 반한 일본에서는 혼밥, 혼술의 열풍이 일어나는 계기가 되었다고 한다. 당당하게 즐기는 고독한 미식가는 혼밥이 우리에게 보여주는 긍정적 모습 중 하나이다.

전통적으로 우리에게 밥상은 관계의 학습장이었다. 아버지는 독상을 받고 남자들은 겸상을 했다. 여자들은 그 아래에 따로 앉았다. 우리는 수직적 위계질서를 밥과 함께 먹었다. 술도 관계의 수단이었다. 전통은 이어져 지금도 술자리는 친목의 필요불가결한 수단으로 간주된다. 밥과 술의 사회적 목적은 관계의 유지와 확대에 있었다. 그러나 혼술과 혼밥은 그것을 정면으로 거부한다. 근검을 숭상하는 선비에게 금기였던 식도락이 현대인에게는 웰빙의 한 요소가 되었듯이 혼밥은 우리에게 새로운 인식의 변화를 주문하고 있다.

식사食事란 먹는 일이다. 식사에서 관계를 벗겨내고 대화를 덜어내

---

[1] '고독한 미식가'의 인기는 그에 관한 여행상품이 등장할 정도였다. ('고독한 미식가'들을 위한 테마형 현지투어 떠나볼까, 이데일리, 2017.04.07)

면 오롯이 음식만 남는다. 혼밥은 5천년 만에 식사에 대한 고정관념을 바꾸고 있다. 특히 고독한 미식가는 혼밥이 가져야했던 부정적 시각을 벗겨내고 겸상에 못지않은 사회적 지위를 부여했다는 점에서 평가할 만하다.

혼밥으로 상징되는 나홀로족의 대두는 인터넷시대와 도시화의 산물이기도 하다. 인터넷은 우리에게 소통의 기적을 보여주었다. 능력이 뒷받침된다면 현대인의 인간관계는 무한할 수도 있다. 그러나 소통의 양적 확장은 필연적으로 관계의 밀도를 약화시킨다. 식탁에 마주 앉아 있어도 서로의 시선은 스마트폰에 꽂혀있는 광경이 흔해졌다. 이러한 상황이 늘어날수록 관계는 부담이 된다. 또한 급격한 도시화로 인해 현대인은 불특정다수에게 늘 노출되어 있다. 불안하지만 의지할 곳 없어진 현대인은 오히려 고독을 통해 위안을 찾게 되었다. 특히 대인관계에 밀접한 직업을 가졌거나 감정노동에 시달리는 사람에게 고독은 삶의 균형을 잡아주는 피난처가 될 수 있다. 혼밥은 현대인의 피곤한 민낯이기도 하다.

예전에 본 영화 '싱글라이더'는 관계의 상실을 먹먹하게 그리고 있다.[2] 싱글라이더란 '1인 탑승객'으로 홀로 여행하는 사람을 뜻한다. 주

---

2) '싱글 라이더'는 흥행에 성공하지 못했다. 그 원인에는 리얼리티의 문제도 있다고 본다. 가상의 관점에서 현실의 문제를 보여준다는 의도는 좋았지만 관찰의 한계를 극복하지 못했다. 기대했던 반전도 예상을 뛰어넘기 어려웠다. 그러나 영화 시작할 때 등장했던 시 한 구절. 고은의 '그 꽃'은 영화 전체를 아우르는 멋진 메시지였다. "내려올 때 보았네 / 올라갈 때 못 본 / 그 꽃"

인공은 어느 날 갑자기 직장과 가족으로부터 외톨이가 되었음을 깨닫는다. 그의 비어있는 옆자리는 고독한 미식가의 그것과는 전혀 다른 종에 속한다. 강제된 혼밥은 강제된 겸상보다 유해하다. 스스로 선택했더라도 습관적인 혼밥이라면 마찬가지이다. 혼잣말에 익숙해질수록 자기만의 세계는 강화된다. 타인과의 관계는 매뉴얼화 되어 의례적 수준에 머물기 쉽다. 어쩌다 이루어지는 대화마저 '잘 지내니?', '밥 먹었어?'처럼 형식적인 스몰토크로 채워진다. 고독은 고립이 되고 관계는 관성이 된다.

고독한 미식가의 당당함과 싱글라이더의 쓸쓸함은 혼밥으로 상징되는 현대인의 야누스적 두 얼굴이기도 하다. 그런 의미에서 그대가 누군가와 마주보고 편하게 이야기하며 식사할 수 있다면 선택받은 특권층에 속하는 셈이다. 이 세상을 고독에 기대지 않으며 살아갈 수 있는 엄청난 능력이기 때문이다. 한 냄비의 음식을 함께 맛보는 그대로 인해 나도 외롭지 않을 수 있다. 설사 그것이 쉰 김치에 라면뿐이라 하더라도, 대화가 온통 스몰토크로 채워진다 해도 우리는 충분히 자유롭고 행복할 것이다.

귀 빠진 날의 단상

> 나에게도 생일이 와서
> 소고기 두 근 끊어다가 부모님께 드렸더니
> 어머니는 그걸로 미역국을 끓여서
> 내 밥상 위에 올려놓으신다
> – 이홍섭

생명의 탄생을 귀가 빠졌다는 것으로 상징화하는 것은 매우 재미있는 표현이다. 과문한 탓에 다른 나라에서도 같은 표현이 있는지는 모르지만 우리 선조들은 출생의 타이밍을 귀가 빠져나온 시점으로 여겼음을 알 수 있다.

출산과정에서 귀가 빠져나올 무렵은 태아의 신체 대부분이 아직은 모체 안에 있을 때이므로, 따지기 좋아하는 이들은 이를 두고 정확한 기준이 아니라고 주장할 수도 있다. 실제로 요즈음의 법률적 해석에 따르면 모체와 태아가 분리되는 시점을 출생의 시기로 보는 것이 통설이라고 한다.

그런데 왜 옛사람들은 귀빠짐을 출생으로 간주했을까? 우리나라 사람들의 성급한 성격을 반증하는 것이라고 생각한다면 지나친 논리의 비약이다. 오히려 그 반대로, 옛 분들은 우리보다 훨씬 여유롭고 너그러운 사고체계를 가졌기에 귀가 나타나는 것만으로도 생명의 탄생을 인정한 것이 아닐까? 바깥세상의 온갖 메세지가 아기에게 전달될 수 있는 최소한의 조건이 충족되는 순간에, 그 생명을 인격체로 대해주는 인본주의적인 마음씀씀이가 '귀빠진 날'이라는 발상에 함축되어 있다.

 옛사람의 인본적 사고思考는 이에 그치지 않는다. 귀가 빠지기 훨씬 이전, 그러니까 모체가 수태할 때부터 우리 민족은 나이를 먹는다. 그리하여 태어나자마자 1살로 인정된다. 이처럼 기막히게 근사한 관점은 생명의 존엄함을 웅변적으로 나타내주고 있다. 거기에는 임신중절 따위의 파괴적인 인명경시 발상은 발붙일 곳조차 없다.

 서양식 나이계산법과 비교하여 합리적이지 않다고 폄하하는 사람도 있겠지만, 이는 어디까지나 인식과 문화의 차이일 뿐이라고 믿으며 나는 이를 자랑스레 생각한다. 우리는 어머니의 자궁으로부터 태아의 귀가 빠져나오는 순간, 하나의 인격체로 인정되고, 하나의 운명이 부여되며 하나의 영혼이 결합하는 것이다. 어머니는 출산의 고통에서 벗어나고 자신의 분신과 첫 만남을 한다. 기대와 기쁨과 탄식이 교차한다. 생명의 위대한 순간이 아닐 수 없다.

 고통은 기쁨을 증폭시킨다. 9달의 수태기간과 출산에 따르는 고통이 없다면 새 생명의 탄생은 일상적인 일로 치부될지도 모른다. 오랜 준비와 마지막 피날레가 있기에 "귀빠진 날"의 새 생명은 축복의 대상이 된다.

최근 며늘아기가 둘째 아이를 낳았다. 가족의 탄생은 내 삶의 영역이 확대됨을 뜻한다. 아기는 세상의 일부를 갖게 되고 그것은 나와 연결된다. 달력에 동그라미 표시가 하나 더 늘어나며 나는 가만있어도 부자가 되었다. 제 언니와 판박이인 아기의 태명은 출생 전부터 '티끌이'로 지어졌다. 태어나보니 이름과는 달리 덩치는 제법 있다. 아직 너무 어려서 울기만 하지만 제법 목을 가누려고 한다. 귀가 빠졌을 때의 아픔과 충격은 벌써 다 잊은 듯하다. 귀빠짐을 축하하기 위해 삼신할매는 잊지 않고 엉덩이에 몽고반점을 찍어 주셨다.

최근에는 이러한 귀빠짐의 형태에도 변화의 물결이 나타나고 있다. 심지어는 역술가가 점지해 주는 사주를 받아서 지정된 일시에 제왕절개를 시행하여 아이를 출산하는 경우도 있다고 한다. 그로 인해, 특정 시간대에 수술예약이 몰리는 현상이 벌어지기도 한다니 황당하기 그지없는 일이다.

자녀에게 좋은 사주를 맞춤하여 인생에 축복을 주려는 부모의 심정을 어찌 탓하련만, 인간의 죽음과 마찬가지로 신의 영역에 속하던 출생의 신비를 인간의 손재주로 훼손시키는 것 같아서 찝찝하기만 하다.

아마도 출생일시로 운명을 판단하게 된 근거는, 인간의 출생이 자연의 섭리나 신의 의지에 의한 것이라는 믿음이 있었기에 이를 통해 그 섭리나 의지를 추론할 수 있다고 생각했기 때문일 것이다. 그러나 오늘날처럼 출생일시가 인간의 손에 의해 의도적으로 조작된다면 거기에 신이 개입할 수 있는 여지는 한정될 수밖에 없으며, 따라서 그 출생일시에서 운명의 그림자를 읽어낼 수는 없게 될 것이다.

의학의 발달로 많은 어머니와 태아가 제왕절개술의 혜택을 받아 건강한 출산을 하게 된 것은 고마운 일이지만, 인간의 이기심으로 불필요한 제왕절개를 남발하여 자연의 섭리에 도전하는 것은 바람직하지 않게 느껴진다.

머지않아 "귀빠진 날"이라는 상징은 사라지고 "통째로 빠진 날" 또는 "엄마 배 짼 날"이라는 무식하고 살벌한 표현이 그 자리를 대체하게 될지도 모르겠다. 세상은 왜 이렇게 메말라만 가는 것일까? 그래서 나는 나의 "귀빠짐"이 자랑스럽다. 먼저 태어난 귀로 세상의 이야기를 많이 듣고, 나중 태어난 입으로 조금만 말하련다. "귀빠짐"으로 아픔을 드린 어머님께 감사드리며, 내 아이들에게도 "귀빠짐"의 순수한 가르침을 계승시키고 싶다.

귀빠진 날 만세!!!

JAZZ를 들으며

> 중요한 건 연주하는 음표가 아니라,
> 연주하지 않는 음표들이다.
> – 마일스 데이비스

  재즈에 관한 깊은 안목은 없지만 나는 가끔 재즈의 음률에 빠지곤 한다. 단순하고 반복적인 리듬 위에 펼쳐지는 현란한 애드립, 블루스의 애조 띤 음계에 아프리카의 분방하고 경쾌한 박자, 속삭이듯 때론 흐느끼듯 흘러가는 악기들의 저마다의 음색 그리고 허스키한 가수의 읊조림은 가슴을 적시며 흔들어댄다. 어느새 곡조를 따라 흥얼거리는 내 모습을 발견하곤 한다.
  넓게 해석할 때, 세상의 모든 소리는 음악이고, 말은 노래이며 온갖 동작은 춤이 될 수 있다. 인류가 말로써 의사소통을 하기 시작했을 때부터 춤과 노래는 비롯되었다고 한다. 원시인류가 소리가 잘 울리는 통나무를 골라서 막대기로 두들기며 소리치고 껑충거리며 자신의 기쁨과 슬픔을 표현하는 모습을 상상해 보자. 우리가 음악을 듣고 춤추는 것과 다를 바 없다.

음악과 춤이 원초적일수록 본질적이고 직접적인 메시지를 담는다. 현란하게 치장되고 고도로 비틀어진 현대음악은 난해함을 무기 삼아 듣는 이에게 감상의 선택을 강요한다. 각국의 전통적인 민속음악이나 민요는 타 민족에게도 쉽사리 공감되지만, 발전과 변혁을 거듭하며 마침내 첨단을 달리게 된 요즈음의 일부 음악들은 전문적인 지식과 오랜 적응훈련이 아니면 가까이하기에 쉽지 않다. 그래서 사람들은 곧잘 주장하는가 보다. '기본으로 돌아가자' 또는 '옛 것이 좋은 것이여' 라고.

이러한 복고주의적 경향은 흔히 변화에 대한 거부나 시대역행적인 반동의 산물처럼 인식되기도 하지만 사실은 미를 향한 더욱 치열한 모색의 결과일 수 있다. 어느 누가 신선하고 맛있는 음식을 마다하고 곰팡내 나는 쉰 음식을 굳이 먹으려 하겠는가?

발전을 위한 왕성한 실험정신은 자칫 '음악을 위한 음악'을 지향할 수 있다. 나처럼 변화에 둔감한 일부 계층은 이러한 경향에 쉽게 식상하면서 '인간적인 음악'을 그리워하게 된다. 나는 기계적으로 재단된 신디사이저보다는 전자음 없는(Unfluged) 연주에서 감칠맛을 느낀다. 세계를 주름잡는 아이돌의 세련미보다 이문세의 거친 가성을 더 좋아한다.

재즈에 대해서도 같다. 전문화되고 분화되어 발전한 이후의 재즈도 좋겠지만 재즈가 무르익어가던 시기이자 전자악기가 등장하기 전인 1950년 전후의 이른바 재즈의 중기 무렵에 발표되었던 곡들에 내 심장은 반응한다. 특히 피아노, 색소폰 또는 트럼펫, 콘트라베이스, 드럼의 단순한 4중주로 연주되는 곡들에 쉽게 빠져들곤 한다. 건반악기와 관악기, 현악기, 타악기의 최소 단위로 짜여진 이 조합은 연주자를 잘 만나면 거의 완벽한 조화를 만들어낸다. 저마다의 분명한 특색이 다양하게 어우러지며 만들어내는 리듬과 음률은 굳이 재즈가 아니어도 황홀할 것인데, 재즈는 이에 자유분방함을 더해서 가볍고 깊은 울림을 만들어낸다. 거기에 서사를 덧붙여줄 가수가 결합하면 더할 나위가 없어진다.

4중주의 멋진 조합은 재즈에만 적용되지 않는다. 대표적으로 클래식의 현악 4중주를 꼽을 수 있다. 제1 바이올린, 제2 바이올린, 비올라, 첼로의 구성은 그 자체로 고전주의가 물씬 풍긴다. 나는 여기서 조금 변형된, 제2 바이올린을 피아노로 바꾼 구성을 더 좋아한다. 비틀즈도 기타를 중심으로 한 4중주 팀이었다. 기타 셋에 드럼이 들어갔다. 기타는 각기 리듬과 베이스, 리드를 맡았다. 우리 귀에 익숙한 것으로는 이광수와 김덕수 등이 창시한 사물놀이가 있다. 이는 타악 4중주이다. 꽹과리 소리는 천둥, 징 소리는 바람, 장구 소리는 비, 북소리는 구름을 뜻하며 이들이 하나로 합쳐진 소리는 마치 폭풍과 같다고 한다. 나는 이러한 4중주가 최소의 구성으로 꾸릴 수 있는 최적의 조합이 아닐까 싶다.

그러나 4중주가 아니면 어떻고 재즈가 아니면 또 어떠랴! 온갖 소리가 곧 음악이듯이, 나름의 체계와 문화적 배경을 가진 것이라면 나는 그 순수함이 살아있던 때를, 그러면서도 체계를 갖춰가던 싱싱한 날것의 음악을 좋아한다. 음악을 들을 때 그것이 무엇인지 굳이 따져가며 감상모드에 진입할 필요는 없다. 음악이 존재하고 내가 그 울림을 느낄 수 있다는 것에 감사할 뿐이다.

거기엔 치장과 가식이 아닌 진솔한 삶의 사연들이 묻어있는 듯하다. 고통과 쾌락, 눈물과 씻김, 달콤하게 시작해서 쓴 맛으로 끝나는 사랑과 미움에 대하여, 한 남자와 한 여자에 대하여, 마침내 스러짐에 대하여 이야기하는 듯하다.

그에 반해 요즘의 노래들은 사람과 감정을 단순화하고 일상을 만화처럼 묘사한다. 예전에는 사회를 비판했다면 요즘은 조롱한다. 빠르게 열광하고 적극적으로 버린다. 사랑조차 소비의 대상으로 만든다. 그래서 우리는 가볍고 얇아지고 있다.

잠시 눈을 감는다. "음악은 모든 언어보다 더 깊은 곳에서 울린다."고 호프만은 말했다. 나는 "그래서 옛 음악은 이어폰으로 듣는 게 예의"라고 대꾸해본다. 버튼을 누르면 돌연 음악이 몸으로 스며든다. 한 곡이 끝나면 잠시 침묵하다가 다음 연주를 시작한다. 연주와 휴식을 반복하며 돌아가던 옛 LP 레코드처럼 나의 하루를 천천히 맴돌려 본다. 귀에 익은 음악이 나를 다른 세상으로 인도한다. 그 다음은 각자의 영역이다. 내 가슴에 내려앉는 위로와 영감의 선율들... 음악이란 즐길 수 있는 자만 가질 수 있는 값싸고 무한한 참 좋은 선물이다.

영화가 감동을 줄 때

> 별이 그 빛을 오롯이
> 지상으로 내려 보내기 위해
> 천 년은, 만 년은
> 걸렸으리라
> – 진영대

영화가 우리에게 깊은 감동을 선사하는 것은 단순한 이야기가 아니기 때문이다. 그것은 삶의 심연을 건드리며 보는 이의 존재와 조우하는 순간을 빚어낸다. 스크린 속 어딘가에 실려 있는 그 무엇이 관객의 내면에 잠재한 다른 무엇과 은밀히 작당할 때, 우리는 재미있다느니, 느낌이 온다고 말하며, 때로는 눈물을 훔치거나 마주 잡은 손에 힘을 주기도 한다. 서로가 말없이 동의하며 눈길을 마주할 때, 영화를 통한 간접 경험은 공감의 다리가 되어 공유된다. 이 공감적 이해의 순간이 바로 연인들이 극장을 데이트 코스의 일순위로 꼽게 하는 매력이 아닐까?

무언가 격정적인 감정이 가슴속에 차오르면, 우리는 그것을 외부로 표출하려 한다. 다행히 그 감정을 온전히 받아줄 수 있는, 의미가 통하는 상대방이 있다면, 그 표출은 곧 쾌락으로 변모한다. 진정한 쾌락은 일치에서 비롯되는 법. 나의 감정이 상대방의 그것과 포개지는 짜릿한 순간은 정신적인 오르가즘에 비견할 만하다. 그러므로 누군가와 함께 영화 또는 연극을 감상했다면 서둘러 작별하기보다, 차분히 마주 앉아 서로의 느낌을 진술하게 전달하고 공유할 수 있는 지점을 찾아보자. 그 결과, 서로에게 일치되는 부분이 발견되고 이를 함께 확인하게 되면, 우리는 더욱 깊이 있는 관계로 나아갈 것이다. 이것이 바로 '상호 주관성'의 확장이며, 세상을 바라보는 방식까지도 상대방을 통해 더 넓고 풍부해지는 과정이다.

그러나 그런 상대 없이 홀로 영화를 본다는 것은 어딘가 허전한 일이다. 일요일의 무료함을 달래려 혼자 티브이로 영화를 본다면, 아무리 명작이라도 벅찬 감동을 기대하기 어렵다. 마치 메아리 없는 외침처럼, 누군가에게 주어질 수 없는 감동은 그 본래의 빛을 잃고 무뎌지게 된다. 이러한 상황이 반복되면 감각은 둔해지고 습관화되어 간다. 마치 분별력이 사라진 기호처럼, 상상력은 메말라가고 웬만한 이야기로는 감동을 불러일으킬 수 없는 무감각한 나무토막이 되어간다.

그러므로 감동은 반드시 나누어야 한다. 누군가와 일치할 때, 그것은 배가되고 더욱 구체적인 형태로 발현된다. 그렇지 못할 때 감동은 불쾌한 트림처럼 형태를 바꾸어 찌꺼기로 남게 된다. 부패한 쓰레기가 마음을 상하게 하듯, 공유되지 못한 감동은 영혼을 병들게 한다. 믿음이 사회적 공유 속에서 확장되며 그로써 본연의 의미를 갖게 되듯, 일치할 수 있는 '짝'을 가진 사람은 그래서 행복하고 남보다 건강하다.

다름과 코드의 윤리학

>저희에게 한 번도 성대를 거친 적이 없는 발성법을 주옵시며
>나날이 낯선 마을에 당도한 바람의 눈으로 세상에 서게 하소서
>― 박현수

 시인이자 소설가였던 마광수씨가 우울증에 시달리다 자살을 했다고 한다. 그는 연세대 국문과를 수석으로 입학하고 졸업했다. 34살 젊은 나이에 모교의 교수로 임용되었다. 27살 때 '현대문학'을 통해 시인으로 등단했고 39살에 첫 소설을 출판했다. 그가 쓴 '즐거운 사라', '나는 야한 여자가 좋다', '가자 장미여관으로' 등은 주목을 받았고 그만큼 거센 역풍을 맞았다. 그의 작품들은 음란 외설물로 간주되었고 검찰은 그를 사법처리했다.
 그는 우리 문학이 지나치게 엄숙하고 교훈적이며 따라서 위선적이라는 입장이었다. 건전한 사회를 지향한다면 솔직한 성 담론이 필요하다고 역설했다. 아마도 그가 교수가 아니었거나 제5공화국 시절이 아니었다면 그 정도의 주장은 유별난 사람의 기행 정도로 치부될 수도 있었을 것이다. 적어도 그가 음란물 제조혐의로 최종 유죄판결을

받은 최초의 인물이 되고 대학에서 해고되는 사태까지 이르지는 않았을지도 모른다.

그러나 그는 주목받는 문단의 신진이었고 명문대 교수였다. 게다가 지식인들이 독재에 저항하던 시대, 즉 문학의 교훈성이 가장 고조되던 시기였다. 그의 도전이 사회에 대한 조롱으로 받아들여진 것은 아닐까? 그는 가혹한 비판을 받았고 매장되었다. 그렇게 그는 잊혀졌다.

그의 자살 소식은 내게 그의 삶을 다른 관점에서 생각하게 만든다. 그의 우울증은 끝내 지우지 못한 '포르노 작가'라는 주홍글씨 때문이기도 하지만 그보다는 문단과 사회에서 가해진 왕따 때문이었다고 한다. 그는 외톨이였고 지나치게 무시당했다. 왕따는 약자에게 가해지는 사회적 집단폭력이다. 가해자들은 동질감으로 연대하고 우월감으로 무장한 채 갖가지 논리로 자신들의 행위를 정당화한다.

그래서 마광수의 제자들은 그의 죽음을 '사회적 타살'이라 주장한다. 제자들은 그가 '표현의 자유'와 '예술의 자유'를 앞장서 실천했는데 사회가 이를 따돌림했다고 호소한다. 그들의 주장에 일리가 있지만 한편으로는 그를 비판한 사람들에게도 역시 표현의 자유가 있다. 문제의 본질은 '자유'가 아니다. 편가름과 왕따가 이 사태의 주범이다.

모든 폭력은 사랑의 언어로 행해지고 모든 왕따는 정의의 논리로 구성된다. 우리가 옳으니 너는 잘못되었고 잘못은 바로잡혀야 한다며 그것이 정의라고 가해자들은 생각한다. 과연 그럴까? 우리는 매사에 옳고 그름을 가리려는 버릇이 있다. 그래서 모이면 저울질이 시작되고 그에 따라 패가 갈린다. 이른바 코드가 같은 사람끼리 뭉치게 된다.

그리고 비판과 편싸움이 시작된다. 싸움이 일방적이 되면 왕따는 자연스러운 귀결이 된다. 정의의 이름으로!

일상어 중에서 우리는 '다르다'와 '틀리다'를 혼용한다. A와 B가 다르면 'A와 B는 틀리다'라고 말한다. 말은 생각을 지배하고 생각은 행동을 만든다. 다름을 틀림으로 간주하는 우리의 언어습관은 이질적인 것에 배타적인 태도로 나타난다. 이러한 사회풍토에서 소수자는 살아남기 어렵다. 독보적인 존재는 태어나지 못한다.

'다름'에 대한 배타적인 태도는 언어에서만 비롯되지 않았다. 우리나라 남자들은 거의 모두 군인이 된다. 자연스레 군대문화가 사회로 이식되었다. 그래서 위계와 일사불란이 사회질서의 중심축으로 자리잡았다. 전체가 하나됨은 바람직한 것이며 승리란 다수파가 되는 일이다. 글 쓰는 문인들은 더하다. 펜은 칼보다 강하므로!

또한 억압과 착취의 오랜 역사 속에서 저항의식이 강화되었다. 독재에 대한 투쟁을 거치며 그것은 사회적 윤리가 되었다. 그래서 타겟이 정해지면 공공의 적이 되는 것은 순식간이다. 문제는 그에 대한 기준에 있다. 우리의 '잘못'에는 '틀림'과 '다름'이 섞여있다. 그리고 그 '다름'도 지나치게 엄격하고 일방적이다. 예컨대 세월호 교감선생의 자살도 관점에 따라서는 사회적 타살로 볼 수 있다.

존 듀이는 '민주주의는 다양성의 조화'라고 지적했다. 우리 사회는 너무 투쟁적이다. 이제는 나와 다른 것도 존중해 줄 때가 되지 않았을까? 같으면 함께 가고 다르면 놔두면 된다. 그것이 공존이다. 그들을 배려할 필요가 없다면 내 생각을 주입하는 것 또한 폭력이다. 모든 존재는 나름의 의미가 있다. 그것이 자연의 이치가 아니겠는가?

> 포승줄에 묶인 내 몸의 우스꽝스러움이여
> 한국에 태어난 죄로 겪어야 하는 이 희극이여
>
> — 마광수

아버지의 금강산

> 죽음은 영원한 쉼표
> 남은 자들에겐 끝없는 물음표
> – 김소엽

천하를 제패한 진시황은 장생불사를 위해 온 세상을 뒤져 불로초를 찾고자 애쓰고, 신선이 되고자 천하의 도인道人을 끌어 모았으나 끝내 50 수壽를 넘기지 못했다. 한무제도 정기어린 이슬을 받아 마시며 영생을 꿈꾸었으나 역시 한 줌의 티끌로 사라졌다. 제 아무리 붙잡고 매달려도 갈 사람은 가야하니 삶이란 그저 일시적인 소유의 상태일 뿐 죽음 앞에서는 한낱 실바람처럼 흩어지는 허장성세에 지나지 않는다.

언젠가는 내게도 닥칠 일이라는 걸 모르지 않았지만 지난밤까지만 해도 아무렇지 않게 이런 저런 이야기를 나누었던 아버지가 갑자기 의식을 잃고 쓰러져 유명을 달리하시니 무언가 어그러진 듯이 도무지 실감이 나지 않는다. 옛말에 아버지를 여의는 것을 천붕天崩이라 했다. 남의 일처럼 멀게만 느껴졌던 그 충격에 삶과 죽음의 경계마저 어릿해 보인다. 금방이라도 문을 열고 들어오시며 나를 부르실 것만 같아 삶의 허망함과 내 주변을 맴도는 죽음의 그림자를 새삼 절감한다.

서둘러 사잣밥을 대문 앞에 차려놓고 저승사자를 대접한다. 급한 대로 몇 군데 소식을 전하며 침착하자고 마음속으로 수없이 다짐을 한다. 농협에서 사람이 달려와 수시收屍(시신을 반듯하게 갈무리하는 것)를 해주었다. 평소 쓰시던 안방에 시신을 모시고 병풍을 두른 후 간단히 상을 차려 영정을 모시고 자리에 앉아 그 모습을 바라보니 삶과 죽음이 병풍 하나 사이로 마주한다. 어쩌면 죽은 자가 산 것이고 내가 살아있다는 것이 착각일지도 모르겠다.

소인小人의 죽음은 육신이 죽는 것이므로 사死라 하고, 군자君子의 죽음은 도道를 행함이 끝나는 것이므로 종終이라 하며, 이도 저도 아닌 우리네들은 사死와 종終의 중간을 취하여 상喪이라 하니 죽음이란 그저 잃어버리는 것이다. 가는 사람은 임종臨終을 지켜 군자가 되고 보내는 이는 평범하여 상례喪禮를 치른다. 세상만사가 그러하듯 오면 가는 것이고 얻으면 또한 잃는 것이라 슬퍼할 이유도 없을 터인데 나는 이 이치를 깨닫지 못하여 한사코 가슴이 아프다.

아버지의 고향은 북녘 땅 황해도이다. 지방의 토호였던 할아버지의 땅이 워낙 넓어서 가을에 소작지를 한 바퀴 돌려면 당나귀를 타고도 꼬박 이틀이 걸렸다고 한다. 시골에 고향을 둔 사람이라면 누구나 그러하겠지만 아버지의 어린 시절 추억은 너른 들판에 가득 익어가는 황금빛 곡식처럼 아름다운 것이었고 게다가 풍요로웠다. 그러나 해방 후 공산정권이 들어서면서 지주地主의 집안은 인민의 적대계급으로 간주되었다. 할아버지는 죽어도 삶의 터전을 떠날 수 없다고 고집하셨지만 가중되는 위협을 견디지 못한 아버지와 큰 아버지는 고향과 가족을 북녘에 남기고 떠나와야 했다. 두 형제는 남한에서 결혼해 가정을 이루고 정착했으나 고향과는 소식이 끊어져 부모님의 생사조차 알지 못했기에 생전에 부모님 제사도 한번 못 올리며 가슴을 쓸어내리셨다. 그 탓에 이제는 나도 할아버지 제사를 접어두고 아버지 기일忌日만을 챙기게 되었다.

짙은 향 내음 속에 밤을 지새고 아침이 되어, 농협의 도움을 받아 염습을 하고 입관을 마쳤다. 애써주는 이들이 그저 고마울 뿐이다. 습襲이란 시신을 목욕시키고 수의를 입히는 절차이고 염殮이란 삼베 이불로 시신을 싸고 끈으로 묶는 일이다. 그 전까지만 해도 이상하리만치 눈물이 나지 않았는데 염을 하며 저승길 노잣돈을 옷섶에 넣어드리다가 그만 목이 메고 말았다. 한번 눈물이 흐르기 시작하니 흐느낌을 멈추기 어렵다. 이제 생각하니 울음을 참을 필요가 없었을 터인데 굳이 억누르고 그것도 모자라 세수까지 하며 침착한 모습을 지키고자 애썼다. 그 후로 장례를 모두 마칠 때까지 다시는 울지 않았다. 바쁜 시간을 쪼개어 찾아 준 조문객들은 밤새 고스톱을 친다. 고스톱이라… 임은 가고 우리는 멈춰있는가, 우리가 가고 임이 멈추었는가?

금강산 뱃길이 뚫리던 지난겨울에 당신께서는 그 곳엘 가고 싶어 하셨다. 하지만 엄동설한에 불편한 몸으로 산에 오르는 것도 염려되었고 삼백만원 뱃삯도 지나친 바가지처럼 생각되었다. "땅이 풀리면 그 때 가셔도 늦지 않을 겁니다. 경비도 그 때쯤이면 반값으로 내린답니다." 했더니 "그러마." 하셨다. 그러나 미처 몰랐다. 새 봄 따스한 햇살에 금강산 일만 이천 봉 잔설이 녹아내리듯 힘없이 쓰러지시더니 마침내 고향 땅 황해도보다 더 먼 길을 떠나실 줄을. 이제는 억만금도 소용없는 아버지의 마지막 유람을 어이할까, 가고자 하실 때 보내드릴 것을 이제와 후회하면 무엇 하나, 돌이켜 생각할 때마다 가슴이 무너져 내린다.

선산이 북녘에 있다지만 없는 것이나 마찬가지인 까닭에 아버지를 공원묘지에 모셨다. 묘소들이 마치 아파트처럼 행과 열을 맞춰 배열되어있다. 덕분에 당신은 돌아가신 후에도 주소를 갖게 되었으니 목화단지 몇 열列 몇 호號가 그것이다. 시신을 묻고 흙을 밟아 다지며 흙에서 나서 흙으로 돌아간다는 의미를 되새겨본다. 흙은 흙이로되 황해도가 아닌 남녘의 것이지만 어이하겠는가? 삶은 윤회한다하니 언젠가는 다시 고향의 흙냄새를 맡을 수도 있을 것이다. 떠난 사람은 무어라 말이 없고 여인들의 슬픈 곡소리만 햇살을 타고 퍼져 나간다. 인생이란 올 때는 스스로 울지만 갈 때는 남들이 대신 울어주는 것인가 보다.

다음 날, 신문을 보니 이산가족이 곧 상봉하게 될 거라는 소식이 실렸다. 영정을 모신 방으로 건너와 기사를 읽어드린다. 여러 해 전에 아버지는 이산가족 찾기 방송을 보며 자식들 앞에서 처음으로 눈물을 흘리셨다. 밀입북하면 가족을 비공식적으로 만날 수 있다는 소문에 위험을 무릅쓰고 여기저기 수소문해보기도 하셨다. 시간은 무정하게 흐르는데 사람은 유정하여 기다리질 못한다. 정작 반겨줄 사람은 나리꽃 향기에 잠들고 때를 놓친 소식은 의미를 잃은 채 허공에 흩어진다.

부디 고이 잠드소서….

2부

아무르 표범처럼

뜨겁게 살자

> 연탄재 함부로 차지 마라
> 너는 누구에게 한 번이라도 뜨거운 사람이었느냐.
> – 안도현

내 체온은 36.5도. 낮아지면 몸 안에 효소와 세포들이 버벅거리고 높아지면 에너지가 방전되어 퍼지고 만다. 수백만 년 진화 덕분에 나는 미지근하게 살고 있다. 그러나 가슴만은 열탕이 되고 싶다. 때로는 펄펄 끓어 용처럼 불을 뿜고 싶다. 봉우리 너머 숨겨진 길 앞에서 냉정해지는 심장을 발견하면 고비사막으로 뽑아 던져버리고 싶어진다.

나는 뜨거운 사람이 좋다. 아무르 표범처럼 그런 사람은 멸종 위기에 처해있다. 열정이 넘쳐서 주변에 에너지를 나눠주는 사람, 자신의 일에 깊이 몰입하는 사람, 목표가 뚜렷한 사람, 넘어져도 회복탄력성이 좋은 사람, 긍정적인 사람, 냉소와 썩소가 아닌 미소가 아름다운 사람이 내 주변에 가득하면 좋겠다.

내가 아는 행복을 캐는 방법은 두 가지가 있다. 하나는 무라카미 하루키가 말하는 소확행小確幸, 작고 확실한 행복이다. 대단한 성공이나 목표 달성이 아니라, 일상 속 작은 순간에서 얻는 만족감을 중시한다. 다른 하나는 몰입이다. 칙센트미하이 박사는 '몰입'을 '최적 경험'이라고 부르며, 이 상태에서 사람들이 가장 큰 행복감을 느낀다고 한다.

나도 글을 쓰면서 매우 가끔 몰입을 경험한다. '마라톤 하이'와도 흡사한 그 순간에는 내 존재감이 사라지고 모든 시간이 멈춘 듯 느껴진다. 내 앞에는 오직 미완성의 문장과 그 뒤에 어슬렁거리는 심상만이 존재한다. 어떤 이는 '영감'의 순간이라고 부르는, 그 아슬아슬하고 무중력상태처럼 몽롱하고 이유 없이 황홀한 마약 같은 순간! 거기서 깨어날 때, 나는 진한 위스키를 마신 듯 얼얼한 만족을 느낀다.

원할 때 쉽게 발동이 걸리는 사람, 마음만 먹으면 집중할 수 있는 사람과 협업하면 마음이 편해진다. 집중은 명확한 초점과 의지가 필요하다. 주변의 방해요소를 멀리하거나 무시할 수 있어야 한다. 집중은 몰입으로 가는 첫 걸음! 글을 쓰다가 마무리 짓지 못하는 경우는 대개 집중에 실패해서 정신이 산만해졌을 때다. 집중에는 반드시 끈기가 필요하다.

열정과 집중과 끈기를 매일매일 볶아서 몰입의 세계에 빠져보자. 그런 사람들 속에 머무르자. 아니, 내가 그런 사람이 되자. 필요한 것은 오직 하나. 기회를 놓치지 말자, 뜨거울 수 있는 기회를! 그러면 글도, 행복도 주렁주렁 열릴 것이다. 오늘도 내일도 우리는 유쾌하게 살 것이다.

사색의 곡괭이

> 나의 사방은 얼마나 어둡길래
> 등불 이리도 환한가
> – 이문재

  사색은 자신과 세상의 너른 품을 헤아리는 독수리의 눈이요, 내면의 심연과 사물 뒤편을 들여다보는 현미경이다. 그로써 삶의 뿌리와 세상의 본질을 캐내는 지혜의 곡괭이다. 사색의 물길을 따라가다 보면, 복잡하게 얽힌 생각과 경험의 겹겹을 뚫고 들어가, 혼돈 속에 숨겨진 진실과 의미의 씨앗을 발견하게 된다.

  사색은 물음표 하나에서 시작된다. 만약 사색이 숨겨진 보물을 찾아 떠나는 여정이라면, 질문은 어둠을 밝히는 나침반이자 새벽별과 같다. 질문이 없는 길은 눈 가린 아이처럼 제자리를 맴돌거나 엉뚱한 들판을 헤매게 만든다. 질문만이 사색이 나아갈 길을 밝히고, 닫힌 문을 여는 열쇠가 된다.

  가장 중요한 것은 질문의 끈을 놓지 않는 것이다. 호기심은 그 자체로 살아 숨 쉬는 존재의 이유이다. 하나의 답이 잠시 갈증을 달래줄지라도, 그 답의 진실을 확인하기 위해선 또 다른 물음이 필요하다. 그래서 물음의 꼬리가 다시 물음을 낳아 조금씩 진리에 다가가는 소크라테스의 산파술은, 마치 어둠 속에서 한 줄기 빛을 찾아가는 발걸음처럼 조심스럽고 끈질기다.

사색은 이성의 정원에서 피어나는 대화이면서도, 동시에 직관의 샘에서 솟아나는 감성의 영역이다. 사색의 경험이 쌓일수록 직관은 예리한 통찰의 빛이 된다. 마치 바둑의 명인이 복잡한 판세 속에서 수많은 길을 헤아리기보다, 오랜 세월 쌓인 경험과 무의식의 패턴으로 다음 수를 직감하듯 말이다. 칸트의 말처럼, 직관 없는 사고는 공허하고, 개념 없는 직관은 맹목적이다. 사색이란 결국 가슴과 머리가 어우러지는 춤판과 같다.

그러므로 가장 아름다운 사색은 균형 잡힌 이성의 등불과 감성의 샘물로 자신과 삶을 깊이 이해하고, 변화와 성장의 씨앗을 틔우는 것이다. 사색은 타고나는 재능이 아니라, 연습과 깨달음으로 얻어지는 보석이다. 질문의 활을 당기고, 검증의 화살을 쏘는 훈련을 통해 단련될 때 비로소 거친 삶의 바다를 헤쳐 나갈 굳건한 지혜의 노櫓가 될 수 있다.

사색하지 않는다면 사물의 겉모습에만 매달려 핵심을 놓치기 쉽다. 나아갈 방향을 잃고 자신의 잠재력을 펼치지 못하는 황량한 삶이 될 수도 있다. 정보의 물결이 넘쳐나는 오늘날, 생각이 짧은 이들은 그 정보의 진정한 의미를 파악하지 못하고 길을 잃는다. 유언비어의 바람에 흔들리고, 고정관념과 편견의 좁은 울타리에 갇히게 된다. 그리하여 대수롭지 않은 것에 마음을 빼앗기거나, 소중한 것을 흘려보내는 어리석음을 범하기 쉽고, 그 상처가 자신의 사유 부족에서 비롯되었음을 깨닫지 못하는 비극을 겪기도 한다.

또한 사색은 비교하고, 나누고, 연관 짓는 분석의 과정이다. 깨달음의 성과를 얻으면 더욱 깊이 생각의 뿌리를 내린다. 그 안에는 처음에 느꼈던 것보다 훨씬 더 많은 진실이 숨어 있음을 알게 된다. 물음과 검증의 실타래를 풀어가며 막연히 느꼈던 감정들이 선명한 형상으로 드러난다.

사색의 길은 때로는 끝없이 펼쳐진 미궁과도 같다. 생각의 안내자를 따라가다 보면 수많은 갈림길과 만나고, 그 길마다 끝없이 뻗은 샛길이 있음을 알게 된다. 생각이라는 안내자는 너무나 빨라서 때론 미처 따라잡지 못해 길을 잃기도 한다. 그러므로 아무리 작은 일이라도 완벽히 사색할 수 없고, 단 한 가지를 죽을 때까지 궁리한다 해도 그 끝에 다다르기란 불가능하다.

깊이 생각한다는 것은 여러 갈래의 사유의 강을 깊숙이 거슬러 올라가 보는 것이다. 반면 단순한 사람은 그 자리에 멈춰 서서 눈에 보이는 표면만을 보고 만다. 하지만 아무리 깊이 생각하는 사람이라 할지라도, 어느 지점에서는 걸음을 멈추고 돌아 나올 수밖에 없다. 그리고 그동안 본 것만으로 만족하며, 인식의 빈자리를 채워나가며 사물의 의미를 정의한다. 그러나 이를 비웃거나 나무랄 필요는 없다. 그 누구도 세상의 모든 것을 완벽하게 사색하고 파악할 수 없기 때문이다.

무언가가 있다는 것을 알면서도 깊이 생각하지 못했을 때, 짧고 어리석은 본성만으로 즉흥적인 행동을 저질러 어이없는 실수를 반복할 때, 평소 삶의 지침이라 믿었던 등대가 그 순간 힘을 잃고 희미해질 때,

순간순간 변해가는 감정의 파도가 이성의 둑을 넘을 때, 나는 부끄러워진다.

  일상에 쫓기다 보면 눈앞의 일에만 매달려, 자신을 가라앉히고 깊이 생각에 잠길 틈을 갖지 못한 채 하루를 마쳐야 할 때가 많다. 그러나 나조차도 납득되지 않는 변명이다. 그렇게 시간이 흐르면 사색이 필요하다고 느꼈던 소중한 깨달음들이 손에서 빠져나간다. 모처럼 여유로운 시간이 주어져도 쉽사리 사색의 문을 열지 못하거나 엉뚱한 일로 시간을 흘려보내기 쉽다. 이처럼 정신이 닳아 없어지고, 영혼이 길들여지도록 내버려 둘 수는 없다. 바로 이 때문에 우리는 사색의 곡괭이를 다시 꺼내 들고, 그 날을 예리하게 갈아야만 하는 것이다.

의무에서 의미로

> 언젠가 나는 늦은 밤 여기까지 읽고
> 다소곳이 이 한 페이지를 접어둔 적이 있겠다
> 한 페이지의 귀가 접히던 시간
> 그 때, 너는 나의 온전한 유대이므로
> – 고영민

한국인은 책을 잘 안 읽는다고 한다. 문화체육관광부의 2023년 국민독서실태조사에 따르면 한국 성인의 독서율은 43%, 연간 독서량은 3.9권으로 매년 하락하고 있다. 특히 종이책 독서율은 성인 3명 중 1명에 불과하다. 책을 구매하고 적극적으로 읽는 이들이 늘고 있음에도 불구하고, 전혀 읽지 않는 비율도 함께 늘어나서 57%를 넘어간다는 사실은 심각한 사회적 현상으로 받아들여야 한다. 도서관 이용률의 지속적인 하락 또한 우려스러운 지점이다.

이러한 독서율 하락의 배경에는 스마트폰 보급과 인터넷 생활화로 인한 정보 습득 경로의 다양해지고 풍부해진 영향이 컸을 것이다. 그러나 인터넷을 통한 단편적인 정보 습득은 치명적인 한계가 있다. 예를 들어, 유튜브의 알고리즘은 우리의 시야를 우물 속으로 몰아넣는 주범이 되곤 한다. 최근 사회적으로 극우 세력이나 음모론적 사고를 가진 이들이 증가하는 현상 역시 이러한 정보 환경의 영향을 무시할 수 없다.

그러나 독서율 하락에는 더욱 근본적인 문제가 존재한다. 어쩌면 독서 자체가 우리에게 부담스러운 행위가 된 것은 아닐까? 우리는 그동안 의무적인 독서에 익숙해져 왔다. 공부를 위해, 교양을 쌓기 위해, 혹은 타인에게 잘 보이기 위해 억지로 책을 읽었던 경험은 독서를 즐거움이 아닌 일종의 노동으로 각인시켰을 수 있다.

로버트 풀검이 "내가 정말 알아야 할 것은 유치원에서 배웠다"고 말한 것은 비형식적 교육의 가치를 강조하는 역설적인 표현이다. 현대 사회가 단순한 규칙만으로 해결할 수 없는 복잡다단한 문제들로 가득하다는 점을 고려할 때, 이 주장을 문자 그대로 받아들이는 사람은 없을 것이다. 그의 메시지는 삶의 본질적인 가치와 도덕적 원칙이 매우 근본적이고 단순한 것에 있음을 상기시키려는 수사적 표현으로 봐야 한다.

현대 사회는 '정보의 과잉'과 '짧은 콘텐츠'의 시대이다. 스마트폰과 다양한 미디어의 발달은 정보 습득 방식을 파편화하고, 긴 글을 읽고 깊이 사유하는 습관을 약화시키고 있다. 이러한 환경에서 현대인에게 독서 습관은 더욱 중요하고 필수적인 요소가 된다. 단편적인 정보의 홍수 속에서 통합적 사고를 가능하게 하는 힘이 바로 독서에서 비롯되기 때문이다

청소년기에는 지식 습득을 위한 독서가 중요하다. 노력을 통해 폭넓은 독서를 해야 할 시기이다. 그러나 성인이 된 후의 독서는 그 목적과 방식이 달라져야 한다. 특히 중년 이후, 삶의 이면을 통찰할 수 있는 연령이 되면 단순한 지식의 축적은 무의미해질 수 있다. 정보가 넘쳐나는 시대에, 필요한 지식은 대부분 인터넷을 통해 얻을 수 있기 때문이다. 학생이나 취업준비생이 아니라면 지식을 암기하여 시험을 치를 상황도 아닐 것이다. 그럼에도 불구하고 책을 읽어야 한다면, 그것은 오롯이 '나'를 위한 독서, 즉 '나의 삶'과 '나의 존재'를 성찰하는 독서가 되어야 한다.

독서가 제공하는 즐거움 중 하나는 '발견의 희열'이다. 청소년기의 독서가 '선구자의 지식'을 흡수하는 과정이었다면, 성인의 독서는 '동일한 대상에 대한 새로운 관점'을 발견하는 과정이 될 수 있다. 이는 곧 의미의 재발견을 뜻한다. 책을 통해 얻은 특정 지식(A)이 내면의 기존 사유 체계(B)와 조우하며 공명할 때, 비로소 새로운 깨달음(C)이 생성된다. 이는 기존의 사고방식이나 선입견을 깨뜨리고 새로운 관점을 형성하는 계기가 된다.

새로운 관점은 새로운 사유를 낳고, 이는 곧 행동의 변화로 이어진다. 우리는 이를 통해 변화하고 성장하며, 매 순간 다시 태어나는 경험을 할 수 있다. 성인의 독서가 지식의 발견이 아닌 의미의 발견과 재구성이 되어야 하는 이유가 바로 여기에 있다. 육체적인 성장은 멈추지만, 정신적인 성장은 끊임없이 지속되어야 한다. 성장이 멈춘 정신은 살아있되 살아있지 않은 것과 다름없기 때문이다.

우리는 그동안 독서를 의무감으로 대하지 않았는지 반성해야 한다.

속독법이나 3P 바인더 독서법처럼 '독서를 위한 독서'를 강요하지는 않았는지 되돌아볼 필요가 있다. 독후감도 의무적으로 쓸 필요는 없다. 나도 종종 간단한 독후감을 쓰곤 했지만 대부분 밑줄 그어놓은 글귀를 모아놓거나 그에 대해 간단한 코멘트를 부기하는 정도였다. 그러나 글을 읽으며 처음 느꼈던 공감이 나중에 글을 쓸 때까지 남아 있지 않아서 희석되거나 흔적만 남은 것을 억지로 주워 담듯 쓰곤 했다.

빨리 완독을 마치려는 성급함도 피해야 한다. 독서는 서둘수록 수확물이 줄어든다. 레오나르도 다빈치는 "나의 모든 업적은 '보는 법'을 알았기 때문이다"라고 말했다. 의미 발견을 위한 독서법에는 속도가 중요하지 않다. 요약 정리도 무의미하며, 본문에 밑줄을 치는 것보다 목차에 표시하는 것이 더 효과적일 수 있다. 다시 읽는 경우가 많지 않겠지만, 요약이나 밑줄은 오히려 새로운 발견을 방해할 수도 있다.

책 한 권에서 단 한 구절만 건질 수 있다면 그것으로 충분하다. 그 한 구절을 통해 새로운 사유를 얻을 수 있다면 말이다. 그리고 그 사유를 글쓰기를 통해 심화할 수 있다면 더욱 좋다. 그렇게만 된다면 책의 나머지 부분은 심지어 읽지 않아도 무방하다. 진정한 의미에서 성인이라면, 독서를 부담스럽게 여길 필요가 없다. 읽히는 대로 읽되, 얻은 것이 있다면 그것을 확실하게 '내 것'으로 만들어 보자. 그것이야말로 우리 자신을 위한 독서이자, 책을 대하는 가장 본질적인 태도가 될 수 있을 것이다.

유레카의 순간

> 백석의 시를 읽다가 까무룩 잠이 든 봄날
> 설핏 빛나는 사슴을 본다
> – 성배순

깨달음이란 진정한 자기 자신과 세상에 대한 깊은 자각이다. 이전에는 미처 인식하지 못했던 것들을 새롭게 감지하고 이해하는 과정은 마치 잠에서 깨어난 오감五感이 세상을 더욱 풍부하고 생생하게 감각하는 것과 같다. 이는 단순히 희미하던 것이 분명해져가는 지속적인 학습과 개인적 성장의 과정이며, 때로는 기존의 관념을 넘어서는 새로운 통찰과 인식의 확장이기도 하다. 어느 순간 우리 안에서 스스로 발견하는 의미와 가치를 통해, 자신의 잠재력을 깨닫고 세상을 더욱 온전히 이해하며 삶을 풍요롭게 만들어가는 내면의 여정이다.

인식의 확장은 내면적인 것이므로 깨달은 사람을 구별하기는 쉽지 않다. 말과 글을 잘한다 해도 거짓일수 있으며, 지식과 용모, 연령과 사회적 신분도 소용없다. 흔히, 세속의 뛰어남이란 인식의 길들어짐과 가깝기 때문이다. 그러나 깨달은 사람에게는 향기가 난다. 말이 어눌하고 행색이 초라해도 그의 곁에는 사람이 모이고 평안이 떠돈다. 그에게는 조화로움이 느껴진다.

인식의 확장은 매우 개인적인 경험이므로 그 변화를 겉모습만으로 알아차리기는 쉽지 않다. 말을 잘하고 글을 잘 쓴다 해도 거짓일 수 있고, 지식이나 외모, 나이, 사회적 신분이 믿음의 척도가 될 수는 없다. 세상에서 뛰어나다는 것들도 어쩌면 우리에게 주어진 인식의 틀에 의해 왜곡된 것일 수도 있다.

하지만 진정한 자기 성장을 이룬 사람에게서는 고유한 온기가 느껴진다. 그들의 말이 어눌하고 겉모습이 초라해도, 그들 곁에는 사람들이 자연스레 모여들고 평온함이 감돈다. 그들에게서는 내면의 조화와 인간적인 깊이가 느껴지기 때문이다. 이것은 겉으로 드러나는 성공이나 지위가 아니라, 스스로를 이해하고 타인과 세상에 대한 깊은 공감에서 비롯되는 인간적인 매력이다.

아르키메데스가 외친 '유레카!'는 '발견했다!'는 뜻이다. 깨달음이란 지식을 단순히 쌓아 올리는 게 아니라, 마치 탐험가처럼 우리 안에 숨어있는 진실을 스스로 발견하는 것이다. 지식은 정보를 아는 것이지만, 깨달음은 그 정보를 통해 세상과 자신을 이해하는 방식 자체가 변화하는 경험이다. 이 심오한 깨달음은 그것을 진정으로 추구하고 받아들이려는 사람에게만 그 문을 열어준다. 한번 깨닫고 나면 그것은 우리 삶의 일부가 되어 살이 되고 뼈가 된다.

그런데도 깨달음을 얻고 나서도 계속 갈증을 느낀다면, 그것은 깨달음의 본질이 아닌 겉으로 드러나는 과정이나 결과에만 집착하기 때문일 수 있다. 무언가를 버림으로써 욕망의 균형을 맞추려는 사람은 결코 진정한 만족을 얻을 수 없다. 왜냐하면 그런 식의 균형은 결국 허물어지기 때문이다. 진정한 평안은 외부에서 주어지는 것이 아니라 우리 스스로 만들어가는 것이며, 단련 없이는 강해지지 않는 쇠처럼 노력해야 얻을 수 있는 것이지만, 이것만으로 깨달음에 이르지는 못한다.

그러므로 깨달음이란 단순한 논리나 겉으로 보이는 조화가 아니다. 또한, 피상적인 인식이나 일시적인 평안도 아니다. 그것은 세상 모든 것의 이면에 존재하는 보편적인 진리와 우리 자신의 고유한 가치가 만나는 지점을 발견하는 것이다. 깊은 통찰을 통해 우리 스스로를 새롭게 발견하는 경험이다. 이 깨달음은 하루에도 수십 번 찾아올 수 있고, 때로는 평생 만나지 못할 수도 있다. 그것은 끊임없이 움직이는 안식이며, 우리 내면 깊은 곳에서 흘러나오는 확고한 믿음이다.

흔들리지 않는 삶

> 풀처럼 살아라
> 내가 이기지 못한 것은 저 풀밖에 없다
> – 조기조

인생은 선택의 게임이며, 그 선택에는 사람마다 일정한 경향이 나타나기 마련이다. 선택할 수 있는 대안이 적을수록 그런 경향은 더 두드러진다. 선택의 큰 흐름은 하나의 입장을 지키는 것과 상황에 맞춰 적절히 대응하는 것으로 나눌 수 있다.

어느 것이 더 낫다고 정할 수는 없다. 하지만 복잡한 세상을 살아가려면 몇 가지 삶의 지침이 필요하고, 그것들이 다양한 선택의 갈림길에서 판단의 기준으로 작용한다. 그래서 사람들은 선택에서 일정한 취향을 가지는 경우가 많다. 비슷한 일에 대해 일정한 소신으로 같은 입장을 취할 때, 우리는 그것을 일관되다고 말한다.

일관됨이란 시간과 장소가 변해도 기본적인 생각이나 행동에 변화가 없음을 의미한다. 그래서 일관됨에는 단순하고 우직한 면이 있지만, 알기 쉽다는 큰 장점이 있다. 실제로 일관됨을 좋아하는 사람들 중에는 불확실한 미래 상황에 대한 일종의 방어 수단으로 여기에 의지하는 경우가 있다. 어떤 선택도 확실한 보장이 없으니 익숙하고 알기 쉬운 길을 택하려는 것이 인지상정이다.

알기 쉽다는 것은 자신에게 뿐만 아니라 상대방에게도 적용된다. 예상치 못한 상황에서도 스스로 결정하기 쉬울 뿐만 아니라 상대방도 이를 예측할 수 있다. 이렇게 자신의 성향이 드러나 알려지면, 다른 사람들이 나를 이해하기가 수월하다. 예측 가능성이 높다는 것은 긍정적일 경우 신뢰로 이어질 수 있고, 이는 자신에게 큰 도움이 된다. 사람들은 대체로 상대방이 자신을 일관성 있게 대해주기를 원하기 때문이다.

다만, 자신에게 지나치게 일관을 요구하고 여기에 얽매이면 자칫 융통성이 부족해질 수 있다. 또한, 단지 문제를 회피하려고 일관됨을 선택해서는 곤란하다. 너무 쉽게 길을 가려다 보면 상황 분석이나 대안 모색에 소홀하기 쉽다. 그러므로 일관되되, 달라진 상황을 포함시켜야 한다. 지금 보이는 상황과 떠오른 대안 외에도 잘 살펴보면 더 나은 해결책이 숨어있는 경우가 적지 않으며, 그것 역시 일관됨을 해치지 않을 수 있다.

특히, 깊은 고민 없이 단순히 자신을 돋보이려고 일관됨을 주장해서는 안 된다. 확고한 가치 기준과 인식체계에서 비롯되는 신념이 일관됨으로 이어지는 것이지, 단지 동일한 입장을 취한다는 것만으로는 일관되다고 말할 수 없을 것이다. 그것은 그저 연기演技에 불과할 뿐이다.

이렇게 각자의 신념에서 나온 일관됨이라면, 그것에 의해 자신의 정체성이 확립되고 기본적인 원칙이 형성되었다면, 그것은 충분히 아름답고 가치 있는 것이며 마침내 원하는 목적지에 다다르게 해 줄 것이다. 신념은 일관됨을 떠받치고, 일관됨은 신념을 지켜준다. 내가 사랑하는 모든 이들이 그러한 신념으로 자신의 길을 꿋꿋하게 나아가기를 바란다.

삶의 네 가지 얼굴

> 지구가 항상 돌아도
> 꽃잎에 맺혀 있는 이슬은 떨어지지 않는다
> – 구재기

1. 봄

만물이 다시 살아나는 따스한 봄날, 어린 가지 위에 자리 잡고 자라기 시작한 나뭇잎은 햇빛을 흡수해 스스로 필요한 양분으로 바꾼다. 하늘과 땅에 흩어진 무형의 기운을 모아 유형의 에너지로 만들어내는 놀라운 능력은 자연의 신비로운 조화다. 이렇게 얻어진 에너지는 여러 먹이사슬과 생체 합성 작용을 거치면서 수많은 생명체가 살아갈 수 있는 원동력이 된다. 이처럼 작고 보잘것없어 보이는 나뭇잎 하나에도 우주의 신비가 숨 쉬고 있다.

사람들도 이런 자연의 모습을 흉내 내 본다. 옛날 도인들은 단전호흡 같은 수련법으로 기운을 받아들이고 축적하여 병 없이 오래 살았다고 전해진다. 최근에도 이에 대한 관심이 높아, 주변에서 이런 수행을 하는 사람들을 종종 볼 수 있다. 만약 단전호흡 등으로 몸과 마음을 맑게 하는 단계를 넘어 도술의 지극한 경지에 이른다면, 인간도 광합성과 비슷한 것을 할 수 있게 될지도 모른다. 그게 가능하다면 먹지 않아도 살 수 있을 테니, 아마 옛날 신선들은 그랬을 법도 하다. 그렇게 함으로써 인간의 원초적 욕망에서 벗어나고, 생로병사의 고통을 털어낼 수 있을지도 모른다.

또한 과학이 고도로 발달하여 광합성 공장을 만들고 다양한 영양소를 값싸게 무궁무진하게 공급해 줄 수 있게 된다면, 1차 산업인 농업이 필요 없어질 수도 있다. 그로 인해 인류의 삶의 모습이 근본적으로 바뀔지도 모른다. 그러나 안타깝게도 인간의 능력은 아직은 한 조각 나뭇잎에도 미치지 못한다. 그저 열심히 농사지어 끊임없이 먹고 소화시켜야만 생존이 가능하다. 그 과정에서 다툼과 늙음, 환경오염이 필연적으로 발생한다. 그러므로 인간의 불행은 광합성의 경지에 이르지 못한 채 유한한 존재의 굴레를 벗어나지 못함에서 시작된다.

2. 여름

뜨거운 여름 내내, 짙푸른 녹음을 자랑하는 나뭇잎의 눈부신 활약 덕분에 나무는 무럭무럭 자라나고, 생명의 신비처럼 꽃이 피어난다. 벌과 나비의 춤 속에서 꽃은 열매를 맺고 결실을 향해 달려간다.

우리 또한 삶의 현장이나 가정에서 저마다의 역할을 맡은 채, 힘써 일하여 가족을 부양하고 미래의 삶을 준비한다. 그 노력의 열매로 아이들이 무럭무럭 자라나고, 넓은 집으로 이사 갈 계획을 꿈꾸며, 가족과 함께 여가를 즐기기도 한다. 어떤 이들은 꿈과 사랑을 좇아 나비처럼 자유롭게 날아다니며 헤매기도 한다.

여름날의 잎사귀처럼 우리의 젊음과 힘이 삶을 빛나게 한다. 마흔이라는 불혹의 원숙함은 짙푸른 녹음처럼 산천에 영양을 공급하며 머무는 자리마다 활력으로 가득 채운다. 잎사귀의 찬란한 여름처럼 힘 있고 뜻있게 삶을 꾸려나갈 수 있는 시기는 바로 지금, 우리에게 주어진 이 순간이다. 모든 절정은 한순간에 불과하다는 것을 잊지 말자.

3. 가을

이윽고 햇살이 약해지는 가을을 맞으면 열매는 무르익어 그 씨앗을 땅에 흩뿌린다. 새로운 시작을 준비하기 위해 현재를 마무리하는 자연의 순환 속에서, 삶의 역전을 이뤄낸 용사들은 서서히 늙어간다.

날렵하고 싱그러운 몸매를 자랑하던 나뭇잎도 더 이상 할 일을 찾지 못한다. 엽록소가 빠져나가 얼굴은 술 취한 듯 붉어지고, 윤기 흐르던 피부도 거칠어진다. 마지막 삶을 불태우려는 듯 온 산은 단풍으로 붉게 타오르고, 그 불꽃 속에서 화려했던 추억들도 하나둘 사라져 간다.

마침내, 무정한 바람이 몸을 몹시 때리는 날, 힘겹게 매달려 있던 나뭇가지에서 떨어져 내리고 만다. 가벼운 몸놀림으로 그보다 더 가벼운 공기 속을 헤치며 하강하는 짧은 순간의 비행은 마치 위대한 예술가의 최후의 걸작처럼 감동적이다. 방금 떠나온 나뭇가지에는 지난 여름날의 뜨겁던 정열과 화려하게 몸을 불사르던 단풍의 추억이 배어 있다. 짙어가는 가을을 배경으로 자유 낙하하는 몸뚱이는 둔중한 첼로의 활처럼 좌우로 흔들거린다.

드디어 차가운 땅 위에 착륙하여 편안히 몸을 눕히면 모든 것은 과거 속에 묻히고, 자신이 새로이 시작할 수 있는 일은 더 이상 없음을 깨닫게 된다. 몸의 온기가 식어가고 모든 수분이 날아가면, 낙엽의 영혼은 사라지고 메말라 텅 빈 몸뚱이만 박제가 되어 남는다. 그러나 이는 죽음이 아니라, 새로운 순환을 위한 해체이며 완전한 사라짐이 아닌 잠재적 부활의 약속이기도 하다.

4. 그리고

그 낙엽 위를 내가 밟으며 지나간다. '사그락~' 소리를 내며 부서져 가는 네 몸을 기억하며 네 추억에 내 계절을 더한다. 너의 다함에서 새로운 사랑이 다시 피어나기를 빌며, 부서진 너를 뒤로한 채 멀어져 간다.

내 흔적은 너의 부서짐으로 남고, 어느 날 바람에 날려 허공 속으로 이름 없이 사라지리라. 너의 짧은 순환처럼 나 또한 언젠가는 돌아갈 것임을 생각하며 가을 속을 걷는다. 내가 떠나간 길을 내 아이들이 이어 가고, 그들이 또 낙엽을 밟으며 걷게 되리라. 끝이 아닌 새로운 시작을 예비하며, 예전에 누군가 이 길을 걸었듯이.

초인의 역설

> 내가 주어였던 때 있었나
> 누구의 목적이 되었던 적도 기억 안 나
> 삶을 그럴싸하게 서술해 본 적 또한 없어
> 누군가의 조사 노릇도 제대로 못하고
> – 이선희

'초인(Übermensch)'이라는 개념은 니체가 처음 제시했다. 그는 신에게 굴종하는 인간은 진정한 자유와 창조성을 얻을 수 없다고 보았다. 인간은 스스로 가치를 창조하며 한계를 넘어서는 존재로 거듭나야 하고, 이렇게 자기 자신을 극복한 인간이야말로 초인이라 칭했다. 니체는 인간을 '동물과 초인 사이를 잇는 팽팽한 줄 위를 걷는 존재'라고 묘사하며, 끊임없이 위태로운 균형 속에서 스스로를 넘어서야 하는 운명을 역설했다.

이육사는 민족의 고난을 극복하고 희망의 새벽을 가져올 구원자이자 이상적인 존재로서 초인을 노래했다. 그의 시 속 초인은 세상을 창조하고 지배하며 불가능을 가능케 해주었다. 이처럼 니체와 육사가 상상했던 초인은 그 당시에는 현실성이 없는 가상의 존재였다. 그들로부터 1세기가 지나가는 지금, 과연 그들의 꿈은 이루어졌을까?

　인류의 역사에 기록된 인간의 평균적인 능력을 기준으로 본다면 현대인의 능력은 인류의 범주를 뛰어넘는 경이로운 수준이라 해도 과언이 아니다. 우리가 일상적으로 하는 대부분의 행동은 과거에는 상상조차 할 수 없었거나 기적에 가까운 일이었다. 그렇다면 현대를 살아가는 우리는 이미 초인이거나, 적어도 초인의 문턱에 다다른 것이 아닐까?
　구약성서에서 신은 자신을 따르는 이들에게 약속한다. "너희가 내 명령을 잘 따르면… 나는 제철에 비를 내려… 너희가 곡식과 포도주와 기름을 거두게 할 것이다. 너희는 배불리 먹고 만족스러울 것이다." 그런데 이 정도의 약속이라면 오늘날은 유능한 농수산부 장관의 공약에나 어울릴 법하다. 우리는 이제 인공적으로 비를 내리게 할 수 있고, 최신 농법과 비료로 작물 생산량을 대폭 늘릴 수 있다. 인류 역사상 처음으로 굶주림보다 과식으로 인해 고통 받는 사람이 더 많은 세상을 만들었다.

　불로불사에 대한 인류의 오랜 갈망 또한 상당한 성과를 거두고 있다. 지난 백 년 동안 인류의 평균 수명은 두 배로 늘어났다. 평균 수명이 40대 초반이었던 조선 시대에는 환갑은 마을 잔치를 벌일 만한 경사였다. 하지만 지금은 '환갑'이라는 말 자체가 사라지는 추세다. 기대 수명은 앞으로도 계속 늘어날 것이다. 늘어난 수명과 새로운 능력의 획득은 우리에게 더 많은 가능성을 열어주고 있다. 우리의 능력은 이처럼 신에 가까운 초인의 경지에 이르렀고, 인류는 스스로 '초인족'이 되었다해도 좋을 것이다. 그러나 아이러니하게도, 그만큼 행복해졌느냐고 묻는다면 그 대답은 그다지 긍정적이지 않다.

구한말인 1985년에는 10만 명당 약 9명의 한국인이 자살했지만, 2023년의 연간 자살률은 27.3명으로 크게 늘었다고 통계는 말한다. 세계 행복 보고서에 따르면 우리나라의 행복도 점수는 세계 52위다. 싱가포르의 국내총생산(GDP)이 코스타리카의 4배에 달하지만, 삶의 만족도는 코스타리카가 훨씬 높게 나타난다. 이처럼 능력의 증대가 정신의 풍요로움을 보장하지 않음은 명확하다.

우리는 열심히 노력하여 지식과 물질적 소유를 늘릴 수 있다. 그러나 만족과 욕망은 언제나 그림자처럼 한 걸음 앞서 나간다. 행복은 마치 시지프스의 바위처럼, 정상을 향해 밀어 올리면 다시 아래로 굴러 떨어지기에 우리는 늘 갈증을 겪는다. 어쩌면 끝없이 새로운 과제를 창조하고 극복해야 하는 것이 초인으로서 살아가는 우리의 숙명일지도 모른다. 우리는 자연을 정복했지만, 지진이나 태풍의 기습은 여전히 문명의 아킬레스건처럼 인간의 취약한 지점을 드러낸다. 때로는 초인의 능력 자체가 위험 요소가 되기도 한다. 예를 들어 초인의 발을 대신해주는 자동차는 문명의 편리함 뒤에 숨겨진 치명적인 사고를 일으키곤 한다. 특히 초인과 초인의 맹렬한 경쟁은 거대한 용광로처럼 인류 자체를 위협하고 있다.

그래서 법정 스님은 무소유를 가르쳤다. 소유가 집착을 낳고 집착이

번민을 가져온다고 설파하며, 욕망의 굴레에서 벗어나는 길을 제시했다. 그리스의 철학자 에피쿠로스는 쾌락이란 편안한 삶이며, 이는 과도한 욕망이나 격정에서 해방될 때 비로소 얻을 수 있는 것이라고 했다. 그들의 공통점은 행복의 근원을 외부의 채움이 아닌 내면의 비움에서 구하려 했다는 점이다.

수명 연장으로 인해 조상들보다 30~40년을 더 살아내야 하는 우리는 이제 존재론적인 커다란 질문에 직면해 있다. 외부적인 한계에 도전하며 끊임없이 확장하는 욕망의 덩어리로 살 것인가, 아니면 외부의 초인들에 둘러싸인 개채로 시간의 흐름에 몸을 맡길 것인가?

이 선택의 기로에서 중용의 길은 찾기 어렵다. 욕망은 마치 공허한 우물과 같아서, 하나를 얻으면 다른 하나를 갈구하게 만든다. 어쩌면 우리가 초인이 되어 그토록 얻고자 하는 것은 이미 우리 안에 내재된 것의 희미한 사본일지도 모른다. 행복하지 않다고, 또는 능력이 부족하다고 불평하는 것은 그래서 현명하지 않다. 우리는 한편으로는 이미 한계를 초월한 괴물이며, 그러한 사실에 괴로워하며 지구를 떠도는 외로운 티끌이기도 하다.

잡념의 미학

> 어느새 바다만큼 자라 내 앞에서 맴도는
> 물고기 한 마리 마침내 나를 물고
> 저 어둠 한가운데 풀어 놓아줄 때까지
> – 김명인

참으로 신기한 일은 가만히 있어도 머릿속에는 늘 생각이 고여든다는 사실이다. 그것이 먹고사는 일과 직접 관련 없는 생각들이면 흔히들 '잡념'이라고 부른다. 뚜렷한 결론을 얻는 일도 없고, 나름의 결론을 지어봐야 별 소용이 없으니, '잡념'이라며 잡스럽게 몰아붙여도 딱히 항변하기 어렵다. 하지만 나는 이 잡념의 개념을 너그럽게 해석함으로서 나 스스로 풍요롭고 자유로워지고 싶다.

먹고사는 문제는 원초적인 욕구 중에서도 가장 밑바닥에 위치한다. 이를 제외한 것이 바로 잡념이므로, 어쩌면 잡념이야말로 아름다운 것이라 할 만하다. 잡념에 거창한 가치를 붙이려는 생각은 없지만, 적어도 인간이 단순히 동물적 존재가 아니며, 그보다는 훨씬 복잡한 얼개로 이루어져 있다는 것을 증명하는 존재론적 증거가 아닐까? 잠 못 드는 밤이면 잡념은 무한히 번식하는 별무리처럼 내 머리를 가득 채운다. 급기야 넘쳐 흘러나와 천장에도, 창가에도, 시선이 머무는 모든 곳에 가득 차고, 마침내 온 방안을 가득 메운 고요한 아우성처럼 득시글거린다.

잡념은 그 다양하고 풍성함으로 인간을 동물과 다른 존재로 만들어 준다. 하나의 주제를 정해놓고 그 실체를 깊이 탐색하기도 하고, 마음속으로 하고 싶은 일들을 그려보기도 한다. 때로는 멍하니 머릿속을 비워두고 아무 생각이나 떠오르는 대로 강물처럼 흘러가도록 내버려 두기도 한다. 이처럼 잡념은 의식의 지배를 벗어난 무의식의 영역으로 향하는 샛길이기도 하다.

하지만 대부분의 잡념은 사람에 관한 것이기 쉽다. 친근한 이들과 즐거웠던 순간을 되새겨보기도 하고, 보고 싶은 사람을 그리워하기도 한다. 멀리 떨어져 살아서 몇 년째 만나지 못한 불알친구들의 호탕한 웃음소리가 들리는 듯하고, 우울한 처지에 놓인 이웃들의 눈물이 창가에 아른거리기도 한다. 인간은 결국 관계 속에서 자신의 의미를 찾는 존재라는 아리스토텔레스의 통찰처럼, 잡념 또한 관계의 실타래를 끊임없이 풀어내려는 원초적인 본능의 산물인지도 모른다.

때로는 지난 어느 순간의 내 선택을 바꿔보고 싶을 때가 있다. 그때 내가 좀 더 현명하게 대처했다면 그다음 일들이 어떻게 바뀌었을지 상상해본다. 이에 관한 여러 가지 가정과 시나리오를 그려보는 일은 무익하지만 흥미진진하다. 사람과의 관계에서 발생할 수 있는 변수의 조합은 무한하며, 그 색깔도 수시로 변할 수 있으므로 아무리 바꾸고 이어보며 상황을 재구성해도 잡념은 고갈되지 않는다. 예컨대 그가 말했을 때, 나는 다른 말과 행동을 할 수 있었다. 그러면 우리는 서로를 더 깊이 이해하거나, 최소한 오해는 하지 않을 수 있었다. 돌이켜보면 모든 상황은 시간이 우리에게 던지는 기회라는 주사위와도 같다. 다만 기회에서 최선의 선택은 늘 뒤늦게 깨닫곤 한다. '아차!' 하며 되돌려보려 하지만 시간은 지워지지 않는 낙서와 같고, 쏘아진 화살은 결코 돌아오지 않는다. 운명은 때로 거부할 수 없는 흐름처럼 우리를 이끌어 가기 마련이다.

또는 소크라테스의 대화록에 못지않은 나만의 대화록을 꿈꿔보기도 한다. 문득 떠오르는 몇 가지 주제에 대해 당신은 묻고 나는 대답하는 식이다. 잡념이므로 대화의 내용은 얼핏 떠오르지만 구체적이지는 않다. 잡념이 글로 옮겨지기 전까지는 모든 진행이 대체적인 윤곽으로만 존재할 뿐이므로, 대화도 말없는 흐름으로만 이어진다. 하여간 그런 대화와 어디선가의 머묾이 반복되며 시간이 흘러간다. 그 시간은 성냥개비처럼 짧고 화려하게 타오르다 어둠 속으로 꺼져간다.

잡념은 나를 둘러싼 일상생활과는 상관없는 것일수록 더욱 근사하다. 시야를 넓혀 인류의 삶의 모습에 맞추고, 인류 공통의 당면 과제와 해결 방안, 새로운 사조의 흐름, 상상의 여지가 넓은 역사 문제 등을 나름대로 궁리하다 보면 갖가지 생각들이 떠오른다. 어떤 것은 말도 안 되는 엉터리 같은 것도 있고 때로는 그럴싸한 것도 있지만, 별로 쓸 만한 것은 없다. 왜냐하면 잡념이므로.

예컨대 고주몽의 출신 성분에 대해 생각해 본다. 어느 날 부여의 왕이 하백의 딸을 만났는데, 그녀는 이미 천신天神 해모수의 씨를 잉태하고 있었다. 그녀를 궁궐로 데려오니 알을 낳았는데 흉하다고 하여 버리게 하니 뭇 짐승들이 알을 보호했고, 마침내 사내아이가 태어나니 그가 바로 주몽이라고 했다. 주몽이 성장하자 궁술에 능하고 기세가 범상치 않음에 왕자들이 그를 죽이려 하였다고 전한다. 역사의 기록은 늘 승자의 서사이며, 그 이면에는 수많은 해석의 가능성이 숨어있기 마련이다.

가능성 첫째: 품행이 방정치 못한 어느 부족의 공주가 왕의 눈에 들어 입궐하였는데 아비 모를 아이를 낳았다. 하지만 왕의 여자가 낳은 아이이니 궁궐에서 자랐는데 재질이 비범하여 왕권을 넘보다가 축출된 것이다.

가능성 둘째: 징기스칸의 예를 빌어 유목민족의 풍습인 약탈혼의 결과로 설명할 수 있다. 즉, 부여 왕이 어떤 신부를 납치하여 자기 여자로 삼았는데, 그녀가 낳은 아이가 아마도 자기 씨가 아닌 것 같았으므로 다른 왕자들과 신하들이 주몽을 제거하려 한 것이다.

가능성 셋째: 부여는 부족 회의를 열어 왕을 뽑았다고 하니 왕권이 미약한 편이었을 것이고, 그에 대한 도전도 심심치 않았을 것이다. 그러므로 어떤 유력한 부족이 왕권에 대해 쿠데타를 음모하다가 실패하여 도주하게 된 것이다.

가능성 넷째: 주몽은 신의 자식도 왕가의 혈통도 아닌 그저 평범한 무사 계급이었는데, 부여 사회에서 골치 아픈 말썽꾸러기에 사기꾼이었다. 어느 날 용납될 수 없는 큰 죄를 짓게 되자 황급히 도망쳤는데, 뛰어난 언변으로 기지를 발휘하여 비류국의 왕을 설득해 사위가 되었

고 결국 나라를 집어삼키게 된 것이다.

　그 밖에도 가설은 무궁무진하다. 대체로 주몽이 부여의 집권층이 아니었고 그들에게 위협적인 세력이었던 것으로 판단하는 것이 옳을 듯하다. 당신이라면 어떤 시나리오를 택하겠는가? 역사는 과거의 사실이 아닌, 현재의 질문과 해석으로 끊임없이 재구성되는 퍼즐과도 같다.

　좀 더 근세로 시야를 옮겨오면, 우리의 분단 현실이 잡념의 끄트머리를 잡아챈다. 당대를 휘감았던 강대국의 식민주의와 패권 추구로 희생양이 되어야 했던 우리 민족의 슬픈 역사가 흘러나오고, 피붙이들을 서로 싸우게 만들었던 이데올로기의 대립은 아직 아물지 않은 상흔처럼 남북 분단의 고통을 묻어낸다. 이데올로기는 인간이 만든 가장 견고한 감옥 중 하나다.

　세계로 무대를 확대해보면, 과연 사회주의는 패퇴할 것인지 의문이 든다. 예로부터 유토피아의 전형은 공산 사회를 모델로 삼았다. 그러나 그것은 이상으로만 존재할 뿐 현실 세계에서는 값비싼 희생을 치르며 실패해왔다. 현재의 러시아와 중국은 전제 군국주의 국가로 향하고 있다. 그들의 지도자는 현대판 차르와 황제의 재림에 다름 아니며, 그들의 백성은 황제의 명령이 떨어지면 언제든지 인접국을 향해 총을 들 병사가 될 것이다.

　반면에 민주주의는 자본주의라는 체제를 반드시 필요로 하는지에 대한 실험이 계속되고 있다. 성장과 사회 보장의 균형점은 좀처럼 맞춰지지 않는다. 세계의 부는 거대한 블랙홀처럼 몇몇 강대국으로 빨려

들어가고, 제3세계의 열악한 상황은 국제적 위기의 끊임없는 진원지가 되고 있다. 경쟁 원리와 공동체 개념의 장점을 살려내는 새로운 이데올로기를 만들고 우리 민족에게 적합하도록 어루만져서 남북의 어느 한쪽도 상처받지 않고 하나가 될 수 있는 체제를 구축할 수 있다면 얼마나 좋을까? 그러한 제3의 길은 불가능한 것일까? 인간은 언제나 더 나은 세상을 꿈꾸지만, 이상과 현실 사이의 간극은 마치 메울 수 없는 심연과도 같다.

  잡념은 바람처럼 스쳐 지나간다. 대부분의 잡념은 그때마다 기록되지 않는 한, 망각의 세계로 사라져간다. 그러나 때로는 비구름을 몰고 오는 폭풍이 되어 흔적을 남기기도 하는데, 훗날 정제되는 과정을 거치게 되면 그럴듯한 모양을 갖추고 세상 밖으로 튀어나올 수도 있다.
  하여간 잡념은 부담이 없어 좋다. 간섭하는 이도 없고 제약도 없는 무한한 자유의 영역을 제공해 준다. 그 안에서 나는 마음껏 여행도 하고 시공을 뛰어넘어 다른 세계에 살아보기도 한다. 이 모든 덧없는 생각들이 결국 나라는 존재를 채우는 고독한 우주 유영이 아닐까. 어쩌면 우리는 끝없이 잡념이라는 씨앗을 뿌리며, 그 속에서 찰나의 의미를 건져 올리는 고독한 어부들인지도 모른다. 방금 막, 내가 던지지도 않은 낚시바늘에 곧 사라질 잡념 몇 마리가 걸려 싱싱하게 뛰어오른다.

헛나이 디딤돌

> 한 해의 노을이 내리는 저녁 강가에서
> 이마를 훔치는 사람들아
> 올해도 세상의 한쪽에 빛이 드는 동안
> 세상의 다른 쪽에는 그늘이 드리웠더냐
> —반칠환

지난해와 새해 사이에는 무엇이 놓여있을까? 물리적으로는 이렇다 할 만한 경계가 없어 보인다. 단지, 인간이 정해놓은 시간의 좌표 위에서 시계의 초침이 찰칵하고 움직이는 순간, 우리는 특별한 의미라는 옷을 입혔을 뿐이다. 그 순간, 제야의 종이 울려 퍼지며 묵은 시간은 우리 곁에서 사라지고, 마치 새색씨처럼 순결한 시간이 새로 시작되는 것으로 간주한다. 사람들을 둘러싸고 있는 환경과 조건이 아무것도 달라진 것이 없지만, 우리는 새로운 출발이라고 의미를 부여한다.

이처럼 평범한 현상에 어떤 의미가 주어지면 그것은 그때부터 특별한 변화가 되어 우리에게 다가온다. 의미의 강도가 커질수록 그것이 우리에게 주는 영향도 커진다. 그로 인해, 우리와 현상 사이에 상호교류가 생겨나고 그 결과가 남게 된다. 그러나 특별한 현상에도 의미가 부여되지 않는다면 그 어느 것도 특별해질 수 없으며 아무것도 남지 않게 된다. 의미는 현상에 영혼을 불어넣는 연금술사의 손길과 같다.

인류 문명은 이러한 의미 찾기의 위대한 여정의 결과라 볼 수 있다. 그로써 무에서 유가 창조되었고, 인류는 여타 생물과는 전혀 다른 생각과 현상, 창조물 속에서 생활하게 되었다. 인류가 자연의 섭리 속에서 종교와 만나고, 무리 속에서 서로 다투다 법을 만들며, 생활의 경험을 지혜라는 거울에 비춰 의미로 남겨 이어주지 않았다면, 인류 문명은 존재할 수 없었을지도 모른다. 문명은 인간이 부여한 의미들의 거대한 건축물이다.

새해의 시작됨도 그러한 문명의 일부분이며, 우리 모두가 이를 부정하지 않기에 당연시되는 관습적인 것이다. 하지만 새해가 시작된 것으로 인정하고 그에 따라 주어지는 휴일의 한가로움을 즐기면서도, 저마다의 시작은 가지각색일 수밖에 없다. 사람마다 느끼는 감정이 다르고, 새해라는 개념에 대한 의미 부여가 일치하지 않기 때문이다. 어떤 이는 무덤덤하게 지내기도 하고, 다른 이들은 거기서 삶의 실타래를 풀어낼 실마리를 찾아내어 그 끝에 이르는 계기가 되기도 한다.

해마다 새해가 밝아오면 또 한 살을 헛되이 먹은 것은 아닌가 하는 쓸쓸함이 느껴진다. 평소에는 잊고 살던 존재의 의미까지 들춰보게 한다. 어릴 때에 나이를 먹는다는 것은 흔히 지혜와 성숙의 과정이었지만 거울 속 깊어지는 주름과 희끗해지는 머리카락을 볼 때마다 육체의 쇠락이 정신의 퇴보로도 이어질 수 있다는 두려움이 들기 때문이다.

하이데거는 인간이 존재한다는 것은 자신의 존재에 대해 물음을 던지며 존재 가능성을 실현하기 위해 과거, 현재, 미래를 이해하며 나아가는 것이라고 했다. 이러한 심오한 통찰에도 불구하고 나는 때때로 무의미하게 흐르는 시간의 함정에 빠지기 일쑤이며 늘 이를 두려워한다. 특히 새해를 맞을 때마다 절정에 이른다. 지난 시간 속에서 진정 무엇을 얻었으며, 무엇을 이루었는가 하는 질문 앞에서 쉽사리 무장해제를 당한다. 삶의 의미가 단순히 시간의 양에 비례하는 것이 아니며 '나이'가 '헛나이'로 바뀔 수 있음을 알고 있기 때문이다.

그러나 서둘러 실망할 필요는 없다. 일부분 헛되이 보낸 시간이 섞여있다 해도, 그 시간은 분명 나의 일부가 되어 지금의 나를 이루고 있다. 톨스토이가 말했듯, 모든 삶의 순간은 그 자체로 의미를 지닌다. 어쩌면 '헛나이'라고 표현할 수 있다는 것 자체가 지난 시간에 대한 깊은 성찰의 결과이며 이를 디딤돌 삼아 다가올 시간들을 어떻게 채워나갈 것인가에 대한 뜨거운 질문일 수도 있다.

그렇다면 새해란 새로운 기회가 주어진다는 신호탄이다. 삶의 언저리 곳곳에 숨겨져 있는 의미들을 찾아내어 나의 것으로 만들어 간다면, 헛나이는 진정한 나를 찾아가는 유의미한 과정이 될 것이다. 묵은해는 보내야 한다. 내 안에 보낼 것은 보내고, 묻혀있던 것은 꺼내어 먼지를 털어주자. 혹시라도 나만 보고 살지는 않았는지 주변을 다시 둘러보자. 새로운 시작은 달력에만 있는 것이 아니라, 우리 각자의 마음속에서 피어나는 영원한 불꽃과 같다. 헛나이를 먹지 말라고 새해가 오고 바람은 숭숭 소리 내며 불어오지 않는가?

인사 10조 人事 十條

> 인재는 기업의 모든 것의 시작이자 끝이다.
> – 이건희 (삼성전자 전 회장)

오랜 직장생활을 통해 느낀 점 중에 하나가 인사의 중요성이다. 내 나름대로 생각하는 인사업무의 기준을 정리해보기로 한다. 치밀한 검증을 거친 이론은 아니다. 반론이 있을 수 있고 또한 직종별로 인사기준에 차이가 있을 수 있다. 특히, 창의적 발상을 요구하는 직종이라면 개성이 보다 존중되어야 한다.

1. **공정성** : 아무리 잘된 인사라 하더라도 이로 인해 상대적 불이익 또는 박탈감을 느끼게 되는 개인 또는 집단이 반드시 발생한다. 그들을 승복시키고 조직에 화합할 수 있게 하려면 대다수가 공감하거나 따를 수 있는 합리적인 인사원칙이 사전에 제시되고 가급적 공감을 얻어야 한다. 또한 그 원칙이 투명하게 지켜져야 한다.

2. **목적성** : 인사에는 목적이 있어야 한다. 자료에 담겨야 할 것은 추진해야 할 과제와 이를 위한 업무설계이다. 인적자원에 대한 인사정보는 이에 기준하여 검토되어야 한다.

3. **적재적소** : 인사는 가용인력을 적재적소에 배치함으로써 조직의 활력과 능률을 제고시켜 조직목표 달성에 기여함을 목적으로 한다.

4. **업무량** : 업무를 설계함에 있어 기준이 되는 것은 첫째, 양적으로 어느 정도의 인원이 적정한가? 둘째, 질적으로 어느 정도의 수준이 필요한가? 셋째, 이러한 요소들이 조직전체에서 차지하는 우선순위가 어떠한가를 살펴야 한다.

5. **평가 요소** : 관리자에 대한 인사에 있어서 가장 중요한 요소는 목표관리와 팀워크(Team Work)에 관한 능력이다. 훌륭한 관리자는 업무와 직장생활을 통해 직원의 동기부여를 이끌어내며 이를 유지할 수 있는 사람이어야 한다. 조직에서 바람직한 구성원은 개인의 실적보다는 집단의 업적을 우선하는 사람이다.

6. **역량 개발** : 신입직원이나 하급 직원의 소질과 적성은 파악하기 어렵다. 다만, 본인이 희망하여 직장에 입사했으므로 일단 소질에 부합하는 것으로 간주한다. 따라서 특별한 업무성과를 내지 못한다 해도 능력이 없다고 예단할 수는 없다. 따라서 하급직원에 대한 인사자

료는 상당기간 누적된 것이어야 의미가 있다. 인사에 관한 당사자의 희망은 소중한 참고자료이지만 그로 인한 책임은 인사권자에 귀속됨을 유의한다.

7. **필요 최소한의 원칙** : 조직은 생물이고 인사는 만사(萬事)라 한다. 인사는 조직에 대한 충격이며 일종의 도박이기도 하다. 따라서 반드시 필요할 경우에 한하여 최소한의 범위로 제한하는 것이 바람직하다. 특별한 목적이 없는 의례적인 인사는 구성원을 나태하게 만들며 조직이 불안정해져서 실패의 확률을 높인다.

8. **외부 영입** : 외부영입에 의한 인사는 내부승진을 가로막으므로 조직에 위기를 초래한다. 그 인사가 성공했을 경우에는 위기가 잠복하지만, 실패로 드러났을 경우에는 조직이 잠복한다.

9. **인사 시기** : 인사에는 시기와 방법이 중요하다. 징벌적 사후인사 보다는 목표지향적인 사전인사가 바람직하며 전자일 경우 책임소재를 명백히 해야 한다. 경우에 따라서는 명예를 지켜줄 수도 있어야 한다. 후자일 경우에는 인사의 목적이 구성원에게 분명히 제시되어야 한다.

10. **사후관리** : 인사의 사후관리로 점검해야 할 사항은 첫째, 업무추진에 차질이 없는가, 둘째, 팀웍이 유지되는가, 셋째, 조직쇄신에 의한 효과 또는 목표달성이 기대한 수준인가, 하는 것이다.

사족 : 당연한 말이지만 현대의 조직사회는 너무나 조직화되어있다. 기계적 규율과 시간, 효율이 중시되는 사회에서 개인의 감성이나 자유는 뒷걸음치며 움츠러든다. 그러나 인사는 여전히 〈조직,사〉가 아니라 〈인,사〉임을 잊지 말아야 할 것이다.

나의 말없음표

어쩌면 벽에 박혀있는 저 못은
아무도 모르게 조금씩 깊어지는 것인지 모른다
- 김경주

말없음표는 여섯 개의 점(……)으로 이루어지는 문장부호이다. 그러나 나는 오래 전부터 점 세 개(…) 만으로 이에 대신하고 있다. 새로운 말없음표를 만들겠다든가 문법에 반기를 들어본다는 식의 거창한 뜻이 깔려있는 것이 아니라 왠지 그러는 편이 글로 바뀐 내 느낌이 좀 더 선명해지는 듯했기 때문이다.

(……)

말없음표는 여섯 개의 마침표로 이루어진 기호이다. 점도 점 나름이니, 윗점도 있고 아래 점도 있지만 말없음표에 사용되는 점은 마침표이다. 왜 마침표일까? 왜 여섯 개일까? 어쩌면 여섯 번의 마침이 거듭될 정도의 긴 시간 - 침묵의 깊은 골짜기를 의미하는 것은 아닐까? 그렇다면, 떠오르는 당연한 의문 하나, 차라리 쉼표 여섯 개로 구성하는 게 말없음표 본래의 의미에 더 가깝지 않겠는가?

(,,,,,)

'여섯 번의 마침'과 '여섯 번의 쉼'의 갈등이 말없음표에 녹아있다. 여섯 번의 마침을 완성하기 위해서는 여섯 번의 시작이 필요하고 시작과 마침에는 쉼이 개입되어야 하므로 말없음표의 숨어있는 원래 모습은 양자가 교차하며 결합된 이러한 모습임에 틀림없다.

(.,.,.,.,.,.)

하지만 이처럼 긴 표기법은 매우 비능률적이며 의미 역시 분산될 위험이 있을 것이므로 채택되었을 리가 없다. 그래서 간단히 줄여보면 이 정도(.,.,.,.)로 되는데, 이는 문장부호의 재해석이라기보다는 새로운 창조에 가깝게 될 것이다. 하지만 내겐 그렇게 거창한 뜻이 없으므로 여기서 군식구인 쉼표를 다시 빼내면 마침표 세 개만으로 이루어진 새 모습이 된다.

(...)

이 정도면 보기에도 단출하여 무리가 없고, 다른 이들도 이것이 무얼 의미하는 것인지 충분히 알 만하며, 말없음표에 대한 나의 되새김도 녹아있으므로 기호로서 구색을 갖추었다고 할 만하다.

...

남들이 여섯 번 멈추는 동안 나는 세 번의 긴 호흡을 해본다. 날숨과 들숨이 천천히 내 안을 드나드는 것을 지켜본다. 그런 후에 밀어낼 것은 밀어내고 할 말이 남았으면 마저 하자. 미련을 남기면 고통이 따르므로 침묵과 정지의 시간은 중용의 가르침을 본받자.

…

나의 말없음은 마침표(.)와 말없음표(……) 중간에 위치한다. 놓아주기엔 허전하고 침묵하기엔 가슴이 묵직할 때, 한 발 물러서서 기다려보는 마음의 간이역이다. 말과 글로 태어나는 것보다 더 많은 생각과 사연이 갈무리되는, 열쇠 없는 창고이다.

가끔…
먼 하늘에 점 세 개를 찍어본다.

…

3부

보이지 않는 것을 보려

'일 포스티노' 이야기

> 누군가 나에게 물었다. 시가 뭐냐고
> 나는 시인이 못 되므로 잘 모른다고 대답하였다
> …순하고 명랑하고 맘 좋고 인정이
> 있으므로 슬기롭게 사는 사람들이
> …다름 아닌 시인이라고
> – 김종삼

1. 시는 은유다

영화 좋아하세요? 극장 가기가 쉽지 않다 보니 저도 가끔 빌려보곤 합니다. 제가 인상 깊게 본 영화 한 편을 소개하겠습니다. 제목은 "일 포스티노"입니다. 이태리 영화인데 영어로 하자면 'The Postman'에 해당합니다. 어느 우체부의 이야기죠.

줄거리는 이렇습니다. 무대는 이태리의 어느 궁벽한 작은 섬입니다. 그 섬으로 세계적으로 유명한 네루다(Neruda)라는 시인이 유배를 오게 됩니다. 네루다에게 편지를 배달하는 우체부 마리오(Mario)가 그를 통해서 시에 눈뜨게 되고 그로 인해 삶의 변화를 겪게 되는 이야기입니다. 시를 공부하는 분들은 꼭 보시기를 권합니다. 왜냐하면 시의 본질에 대한 중요한 암시가 영화 속에 스며있기 때문입니다.

우체부 마리오가 네루다에게 "시가 뭐냐"고 묻습니다. 여러분 같으면 뭐라도 하시겠습니까? 시를 한 마디로 정의한다면 과연 무엇일까요? 네루다는 이렇게 대답합니다. "시는 메타포다." 시는 은유라는 겁니다. 싱겁다고요? 물론 이 말은 케케묵어 먼지 풀풀나는 골동품입니다. 시창작론 교재마다 이 말이 빠진 책은 하나도 없을 것입니다. 하지만 시를 저렇게 한 마디로 정의하는 것은 어쩐지 불안합니다. 왜냐하면 보는 관점에 따라 시는 은유이기도 하지만 또 다른 무엇이기도 한 것이기 때문입니다.

오죽하면 엘리어트(T. S. Eliot)는 "시의 정의는 오류의 역사다"라고 했을까요? 그러나 저는 이 영화를 보면서 "시는 은유다"라는 말이 시의 일면을 과장하는 것이 아니라 정곡을 찌르고 있다는 걸 알게 되었습니다. 그 뒤로부터 나도 "시는 은유다"라는 말을 즐겨 쓰곤 합니다.

2. 왜 은유인가?

은유가 무엇입니까? 잘 아시겠지만 은유란 비유법의 하나입니다. "내 마음은 호수요"라고 표현했다면 그게 바로 은유죠. 내 마음을 호수에 비유하는데 이때 마음을 원관념이라 부르고 마음을 비유한 호수를 보조관념이라고 합니다. 은유는 A=B, 즉 원관념과 보조관념을 완전히 동일시하도록 표현하는 비유법입니다. 이에 비하여 "호수 같은 내 마음" 즉, 원관념과 보조관념을 비슷하다고 표현하면 직유라고 합니다. 이쯤에서 문제 하나 드리죠. "하늘이 운다"라는 표현은 어떤 비유법에 속할까요? 답은 나중에 말씀드립니다.

"시는 은유다"라는 말은 무슨 뜻일까요? 은유법을 써서 시를 써야 한다는 걸까요? 그건 아닙니다. 시에는 은유뿐만 아니라 직유, 환유, 상징 등등 여러 가지 표현기법이 사용될 수 있습니다. 그중에서 은유가 가장 중요하다는 뜻도 아닙니다. 은유법이 전혀 사용되지 않은 시도 얼마든지 있습니다. "시는 은유다"라는 말은 한 편의 시 그 자체가 곧 하나의 은유라는 뜻입니다.

서정주님의 "국화 옆에서"를 예로 들겠습니다. "한 송이 국화꽃을 피우기 위해 / 봄부터 소쩍새는 그리도 울었나 보다"로 시작해서 "인제는 돌아와 거울 앞에 선 내 누님같이 생긴 꽃이여"라고 노래합니다. 이 시는 제목도 그렇고 내용도 그렇고, 국화를 노래하고 있습니다. 그렇죠? 그런데 과연 그럴까요? 아니죠. 이 시는 젊어서 갖은 시련을 겪고 나서 이제는 원숙미를 보여주는 어느 여인을 연상시킵니다. 사용된 비유법으로 말하자면, "내 누님같이 생긴 꽃"이라고 했으니까 은유가 아니라 직유를 썼죠. 그러나 전체적으로 볼 때, 국화는 원숙한 삶의 아름다움 또는 원숙미를 풍기는 사람을 은유하고 있습니다.

예를 더 들자면 한이 없습니다. "풀이 눕는다"로 시작되는 김수영 시인의 유명한 시 "풀"을 볼까요? "바람보다 늦게 누워도 / 바람보다 먼저 일어나고 / 바람보다 늦게 울어도 / 바람보다 먼저 웃는다"라고 노래합니다. 여기서도 풀은 그냥 풀이 아니라 풀로써 은유되는 그 어떤 것입니다. 60년대 암울한 정치적 상황 하에서 바람에도 누워버릴 만큼

약하지만, 꺾이지 않고 다시 일어서는 풀의 이미지를 통해 억압받으면서도 저항을 계속하는 민중의 모습을 많은 사람들은 연상했을 것입니다. 그렇다면 "시는 은유다"라고 정의해도 괜찮지 않을까요?

소설의 본질은 무엇입니까? 픽션이죠. 픽션은 현실이 아닙니다. 하지만 현실보다 더 현실적인 것이 바로 소설에서의 픽션이죠. 그와 마찬가지로 시의 본질은 바로 메타포인 것입니다. 평범한 사물이 시인의 은유를 통해 새로운 의미로 태어나기 때문입니다. 시가 아름다운 이유는 은유이기 때문이며 은유되지 않는 시라면 감상적인 낙서에 지나지 않을지도 모릅니다. 그러므로 시는 은유이며 또한 은유이어야 시입니다.

그러나 한편으로 반론도 충분히 가능합니다. "은유는 시의 여러 특징 중에 하나일 뿐이다"라고 주장해도 좋습니다. 은유의 경지를 초월하거나 은유와는 다른 관점에서 시를 쓰는 분도 있을 것입니다. 시는 본질적으로 은유라는 관점에서 여러분에게 "일 포스티노"를 보도록 권하고 있지만 그것만이 시의 유일한 모습이라고 주장하지는 않겠습니다. 다만 은유의 관점에서 시를 다시 한 번 되돌아볼 필요가 있다는 것을 강조하고 싶습니다. 그 바탕 위에서 더 나아가서, 시는 은유이며 또한 어떠한 것이라고 생각하게 된다면 좋겠습니다.

2. 시는 설명하지 않는다

난 시들고 멍한 느낌으로

영화 구경을 가고 양복점을 들른다.
독선과 주장의 틈바귀에서 시달리고 있는
덩치만 큰 백조처럼
이발소에서 담배를 피우며
피투성이 살인을 외친다
인간으로 살기도 힘들다

네루다의 시입니다. 우체부 마리오에게 네루다는 반체제 시인도 아니고 불우한 망명객도 아닌, 단지 연애시를 잘 써서 여자들에게 인기가 좋은 특별한 재주꾼으로 비칠 뿐입니다. 그래서 그의 시집을 구해 읽습니다. 그리고 위에 인용한 시를 마음에 들어 합니다. '인간으로 살기도 힘들다'라는 구절이 그의 처지에 와 닿았기 때문입니다. 하지만 그 부분을 제외하면 이 시는 마리오가 이해하기 곤란한 부분이 많았습니다. 그래서 네루다에게 설명을 부탁합니다.

"그런데 왜 이발소에서 담배를 피우며 살인을 외치죠"

여러분이라면 어떻게 설명하시겠습니까? 이발소는 시를 이루는 장치에 불과하다. 나는 사회적 불의와 부조리를 고발하고 싶었다. 인간은 존엄하지만 모순적 존재이다… 등등 그렇게 말씀하시겠습니까? 네루다는 뭐라고 했을까요?
네루다는 이렇게 말합니다.
"시란 설명을 하면 진부해지고 말아. 시를 가장 잘 이해하는 가장 좋은 방법은 그 감정을 직접 경험해 보는 것뿐이야."

바로 그거죠. 설명을 하면 그 순간, 시는 생명력을 잃어버리고 맙니다. 은유가 은유의 날개를 접으면 평범한 사실만이 남게 됩니다. '설명하면 진부해진다'는 것은, 바꿔 말하자면 시는 던져지는 것이지 설명되는 것이 아니라는 뜻일 수 있습니다.

다른 경우를 생각해보죠. 설명이 없으면 의미가 모호해질 수 있습니다. 그래서 글을 쓰다보면 무언가 더 넣고 싶어지곤 합니다. 그런 고민을 해보셨다면 네루다의 답변을 참고해 보시기 바랍니다. 네루다는 단호하게 선을 긋습니다.
설명이 있어야만 완전해질 수 있거나 그래야만 이해될 수 있다면 그것은 시가 아니라 시의 모습을 한 설명문에 지나지 않는 글이 될 것입니다. 요컨대 제대로 된 시라면 설명이 불필요합니다. 굳이 설명해야만 속이 시원해진다면 시 대신 에세이를 써야 합니다.

그렇다면 시에서는 설명이나 과정을 빼고 결론만을 말해야 하는 걸까요? 요즘 시는 너무 어려우므로 쉽게 써야 좋은 시라고도 하는데, 그런 주장과는 배치되는 게 아닐까요? 그렇게 질문할 수도 있습니다. 그러나 설명한다고 해서 시가 쉬워지는 것은 아닙니다. 오히려 산만해질 뿐입니다. 또한 시의 이미지는 어느 것의 결론도 아닐 것입니다. 그것은 과정일 수도 결과일 수도 있고 그도 아니면 시초일 수도 있는 겁니다. 그러므로 설명과 좋은 시는 전혀 관계없는 개념입니다.

"시를 가장 잘 이해하는 가장 좋은 방법은 그 감정을 직접 경험해 보는 것뿐"이라고 네루다는 말합니다. 즉, 시는 설명하여 이해시키는 것이 아니라 느낌을 던지는 것입니다. 설명이나 논리가 아니라 비유로 전달하는 문학 장르입니다. 때문에 시인의 개인적 경험과 관념에 너무 의존하느라 시가 난해해지는 경향도 생기지만 그 때문에 독자의 이해도나 수준을 고려하여 시를 쓸 수는 없습니다. 네루다는 바로 그 점을 말하고 싶었던 것이라고 생각합니다.

  문장을 기술하는 방법 중에 설명과 묘사가 있습니다. 설명은 주로 객관적인 지식을 전달하는 데 쓰입니다. 이에 반하여 묘사는 글쓴이의 주관적 감각이나 판단을 독자가 똑같이 느끼도록 하려는 것입니다. 말하자면 시는 설명이 아닌 묘사에 가깝습니다. 묘사이긴 하되, 상황에 대한 묘사가 아니라 시인의 느낌에 관한 묘사입니다. 그러므로 시는 상황을 설명하지 않습니다. 다만 묘사할 뿐입니다. 시적 상황에 대해 별도로 설명을 덧붙이고 싶다면 그것이야말로 사족이 될 것입니다.

  '법관은 판결로만 말한다'라는 격언이 있습니다. 판결문에 최선을 다하고 전적인 책임을 지겠다는 프로의 자세가 깃들어 있습니다. 마찬가지로 '시인은 시로 말한다.'라 할 수 있겠죠. 시 한 편에 느낌을 모두 쏟아 부었다면 부연 설명의 필요성을 느끼지 않을 것입니다.

  그러나 평론가나 시낭송가 등이 시를 이해하기 위해 그 시를 설명하는 것은 이와는 전혀 다른 문제입니다. 이는 시인이 던진 메타포를 각자 어찌 받아들였느냐의 문제이기 때문이며 청중을 위한 서비스이기도 합니다.

  영화의 마지막 장면에 흘러나오는 네루다의 시를 한 편 더 소개합니다. 어떻게 시인이 되었냐는 마리오의 오랜 질문에 답하는 내용이라고 생각합니다.

> 내가 그 나이였을 때 시가 날 찾아왔다
> 난 그것이 어디로부터 왔는지 알지 못한다
> 겨울이었는지 혹은 강으로부터 였는지
> 언제 어떻게 였는지
> 누가 말해주었던 것도 아니고
> 책으로 읽었던 것도
> 침묵으로도 아니다
> 내가 헤매고 다니던 길거리에서
> 밤의 한 자락에서
> 뜻하지 않은 타인에게서
> 활활 타오르는 불길 속에서
> 고독한 귀로에서
> 그곳에서 내 마음이 움직였다

3. 죽은 은유 (dead metaphor)

'일 포스티노'에서 네루다는 마리오에게 이렇게 가르칩니다.
"하늘이 운다고 하면 그게 무슨 뜻이지?"
"비가 온다는 것이죠."
"맞았어, 그런 게 '은유'야."
"간단하네요. 그런데 왜 은유라고 그렇게 어렵고 복잡한 이름을 붙였지요?"
굳이 분류하자면 '하늘이 운다.'는 의인법에 속하지만 넓은 의미에서 은유의 하나입니다. 네루다의 직관적인 설명처럼 은유는 복잡하고 어려운 개념이 아니라 우리가 일상생활에서 즐겨 사용하고 있는 표현법입니다. 괜스레 이름만 거창할 뿐이죠. 그러나 은유에는 상상력의 마법이 숨겨져 있습니다. '비가 온다'를 '하늘이 운다'로 표현하게 되면 객관적 사실에 상상력이 덧칠해져 새로운 의미가 탄생합니다. 즉, 자연적 현상이었던 '비'는 은유의 마법에 의해 슬픔을 대변하는 이미지로 바뀝니다.

그러나 마법에는 결정적 한계가 있습니다. 처음에는 신기하던 마법도 자주 사용하면 마력을 잃게 됩니다. 모자에서 비둘기가 나온다면 처음에는 신기하겠지만, 몇 번 거듭되면 그 모자에서는 당연히 비둘기가 나오는 것으로 전혀 신기한 일이 아니게 됩니다.

은유도 그러합니다. 자주 쓰이면 상상력의 힘이 사라집니다. '하늘이 운다'라는 표현은 분명히 비유이지만 이미 일상적인 표현이 되었기 때문에 슬픔의 감정을 잃어버리게 되었습니다. 슬프지 않은 사람도 그렇게 말하고 듣는 이도 그저 '비가 오나 보다' 정도로 받아들이고 맙니다. 이렇게 이미 생명력을 잃어버린, '상투적인 비유'를 '죽은 은유'라고 부릅니다.

우리는 대화 중에 또는 글을 쓰면서 다양한 비유를 사용합니다. 고사성어나 속담, 격언, 일상화된 은유 등등… 그러한 비유는 대화를 풍성하게 하고 이해를 돕는 역할을 합니다. 그러나 그 대부분은 이미 상상력의 세계에서 벗어나 교양의 수준으로 변형된 일상적인 표현들입니다. 은유도 그러합니다. '하늘이 운다'라는 너무나 흔하게 사용되고 있습니다. 고상한 표현이 될 수는 있어도 새로운 이미지를 담아내기에는 너무 낡고 굳어져 버리고 말았습니다.

시를 쓰려면 어떤 은유를 사용해야 할까요? 그건 각자의 몫입니다. 다만 '죽은 은유'는 쓰지 말아야 합니다. 흔히 말하는 '상투적인 표현'이라는 것이 바로 그것입니다. 죽은 은유로 쓰인 시는 '죽은 시'가 되고 맙니다. '죽은 시'는 '시'가 아닙니다. 비가 내리면 슬프고, 달을 보면 임이 생각나고, 낙엽 지면 쓸쓸해진다는 것은 수백 년 전에는 찬탄의 대상이었겠지만 21세기 현대 문학에서는 유치찬란한 표현이어서 평가 절하당하기 십상입니다.

시는 소설이나 수필 등 다른 문학 장르에 비하여 매우 짧은 글이기 때문에 은유의 마법에 의존하지 않고서는 존립할 수 없습니다. 한 편의 시와 한 권의 소설이 주는 문학적 감동은 물질적 무게와 비례할 수 없습니다. 그래서 소설 한 권과 맞먹는 시를 쓰기 위해서는 살아있는 은유를 만들어내야 합니다. 시인이 만들어낸 새로운 은유가 상대방의 감성에 파도를 일으킨다면 그 은유는 성공한 겁니다. 그렇지 못하면 실패한 은유가 됩니다. 성공과 실패는 각자의 역량에 달려있습니다. 시인이란 '살아있는 은유'를 만들어내는 사람입니다.

이처럼 은유는 논리보다는 직관에 의존합니다. 김춘수 시인은 이를 영감의 세계라고 말합니다. 은유를 찾는 것은 새로운 금광을 찾는 것처럼 막연하고 어렵습니다. 이를 위해 많은 시인들이 새로운 경험과 감성적 자극을 찾으려 노력합니다. 그러한 과정은 어렵고 때로는 고통스럽지만 그 때문에 시는 문학의 꽃이라 불리고 시인은 창작의 희열을 누리게 되는 것이 아닐까요?

서천에서 소로우길을 걷다

> 내가 숲 속으로 들어간 것은 인생을 의도적으로 살아보기 위해서였다.
> 인생의 본질들만을 직면해 보려는 것이었으며,
> 인생이 가르치는 바를 내가 배울 수 있는지를 알아보고자 했던 것이며
> 그리하여 마침내 죽음을 맞이했을 때
> 내가 헛된 삶을 살았구나 하고 깨닫는 일이 없도록 하기 위해서였다
> — H. D. 소로우

나는 가톨릭 신자이지만 법정 스님을 좋아한다. 김수환 추기경을 존경하는 만큼 법정 스님을 우러른다. 그 분이 쓴 『무소유』를 읽으며 이것이 행복의 정답이라고 생각하기도 했다. 물질적 풍요는 잠시의 만족만을 줄 수 있다. 한계가 뚜렷하다. 이를 넘어서려면 더 많은 소유가 필요해진다. 그것은 길이 아니라고 『무소유』는 말한다.

『무소유』와 닮은 책을 대학 시절에 읽었다. 그리고 이전까지 갖고 있던 삶에 대한 가치관이 무너지는 경험을 했다. 그때까지 나에게 바람직한 삶이란, 돈을 많이 벌고 출세해서 높은 자리에 오르고 가족을 잘 부양하는 것이었다. 가족과 건강, 부와 명예, 그 외에 무엇이 더 필요하단 말인가?

그런데 그 책은 삶에 대해, 내 자신에 대해 근본적인 질문을 했다. 고민하지 않을 수 없었다. 사회 구성원으로서의 나는 부여된 의무를 성실하게 수행해야할 책임을 갖고 있다. 사회적 책임이란 또한 보람이기도 하다. 그러나 개별적인 존재로서 잊지 말아야 할 가치가 더 있다는 것을 그 책은 말하고 있었다. 헨리 데이비드 소로우가 쓴 『월든』이 바로 그 책이다.

월든은 미국에 있는 호수의 이름이다. 소로우는 월든 호숫가 숲속에 통나무집을 짓고 혼자 살았다. 문명에 의지하지 않은 상태에서 삶의 근본적 가치와 대면하고자 했다. 그의 문장은 그의 삶처럼 간결했다. 장식하지 않아도 아름답고 종소리처럼 여운이 길었다. 월든에 매료된 나는 기회가 되면 시골에서 살아야겠다고 다짐했다. 서울에서 태어나 도시를 전전하던 나의 꿈은 40년 후에 이루어졌다. 퇴직을 하자마자 아내와 함께 서천으로 귀촌을 실행한 것이다.

법정 스님도 『월든』을 좋아했다. 그가 사랑하는 책 중에서 첫 번째로 꼽은 것이 『월든』이다. 그래서인지 무소유와 월든은 일맥상통하는 점이 있다. 인간의 인간다움을 가로막는 것은 과도한 문명의 편의와 거기서 비롯되는 물욕이라고 본다. 차이점이 있다면 무소유는 불교의 공空 사상의 관점에서 바라보고 있고, 월든은 자연주의와 초월주의의 시각에서 분석한다. 그래서 무소유는 나이 든 기성세대들이 읽기에 편하고 월든은 젊은 층이 접근하기 좋을 것이다.

법정 스님에게 큰 영향을 준 사람이 둘 있는데, 한 사람은 소로우이고 다른 한 분은 인도의 마하트마 간디라 한다. 간디는 평소에 말하기를, 내가 죽으면 남는 것은 옷 한 벌과 밥그릇 하나, 그리고 보잘 것 없는 평판뿐일 것이라고 했다. 보잘 것 없는 평판이라니… 간디의 평판이 그렇다면 우리네의 이름값은 도대체 뭐란 말인가?

  나는 옷 한 벌과 밥그릇 하나로는 견디지 못한다. 선물 받은 난초에 집착이 생겨도 법정스님처럼 초연하게 버리지 못한다. 그들은 간소한 생활을 했지만 가난하지 않았고 정신은 드높은 곳에서 살았다. 나는 죽었다 깨어나도 그 분들의 경지를 따를 수 없다. 다만 약간은 흉내 낼 수 있다. 검소하게 지낼 수 있고 물질보다 정신에 높은 가치를 둘 수 있다. 선하게 살며 어느 정도는 타인을 배려할 수도 있다. 월든이나 무소유만큼은 어림없지만 노력하면 책 몇 권은 쓸 수 있을 것이다.

  마음 같아서는 미국으로 건너가 월든 호숫가를 거닐고 싶다. 그 숲에는 소로우의 통나무집이 복원되어 있다. 법정 스님은 두 번이나 그곳에 다녀왔다고 한다. 그런데 놀랍게도 우리는 미국까지 가지 않아도 가까운 곳에서 소로우를 만날 수 있다. 서천의 자랑인 국립생태원에 가면 '소로우길'이 있다. 그 숲길을 따라 걸어가면 더 놀랍게도 소로우의 통나무집을 만나게 된다.

  마침 단풍의 계절이다. 낙엽을 밟으며 소로우길을 걸어볼 만하다. 월든의 것과 같게 지었다는 통나무집에 들어가서 한 번쯤 소로우가 되어보는 것도 좋겠다. 인증샷을 남길 만한 추억이 될 것이다. 그러나 뭔가 대단한 것을 기대하지는 말아야 한다. 아이들을 데리고 가봤자, 글 몇 줄 밖에는 교육시킬 만한 것이 없다. 간디와 법정 스님의 삶을 더듬어본다면 그 집에 볼만한 게 뭐가 있겠는가?

그럼에도 전 세계에서 수많은 사람들이 소로우의 집을 보러 월든으로 가고 있다. 그들도 그 곳에 별다른 게 없다는 것을 안다. 그 통나무 집에 담겨있는, 보이지 않는 것을 보러 가는 것이다. 단순한 삶이 주는 편안함, 비어있음에서 오는 여유로움, 그로부터 비롯되는 자유롭고 충만한 통찰의 세계를 엿보러 가는 것이다.

서천에 살면서, 누가 '소로우길'을 묻는데 모른다고 하는 것도 어쩌면 부끄러운 일이다. 소로우나 법정 스님의 길을 따라갈 수는 없지만 마음으로는 얼마든지 경험할 수 있다. 오늘 한가하여 새벽에 무소유를 읽고 낮에는 월든을 펼쳤다. 오랜 벗을 만난 듯 반갑고 새로웠다. 가을 하늘은 높고 가슴이 후련했다.

몽골과 서천아리랑

> 푸른 하늘의 길에서 흩어진 구름 사이를 걷는다.
> 용맹한 삶의 의지로 한결같은 마음을 지키리.
> – 단잔 긴단 (몽골 시인)

　서천 문예의전당에서 몽골국립예술단의 공연이 있었다. 공연의 제목이 특이하게도 '서천아리랑'이었다. 호기심에 내용을 살펴보니, 전통예술단 혼과 몽골국립예술단이 머리를 맞대고 함께 만든 작품을 선보이는 자리라 한다.
　몽골과의 협연인데 어째서 '서천아리랑'이라는 이름을 붙였을까? 어쩌면 몽골 예술의 근본은 유목(Nomad)에서 비롯되었고 우리의 예술은 그 뿌리가 아리랑에 닿아있기 때문인지도 모른다. 방향은 다르지만 떠남이라는 공통분모를 갖고 있는 그 둘을 융합해서 작품을 만들고 서천에서 첫선을 보이는 것이라면 '서천아리랑'이라는 이름이 썩 어울려 보인다. 절로 정감이 가고 입에 착 붙는다.
　몽골국립예술단의 공연은 매우 흥미로웠다. 대초원의 창공을 날아가는 독수리를 연상시키는, '흐미'라 불리는 독특한 발성법과 유목민족 특유의 활달한 춤사위에 시간 가는 줄 모르고 빠져들었다. 마두금으로 대표되는 그들의 악기들도 다채로웠다. 자세히는 모르지만 몇몇 악기는 현대적으로 상당히 개량된 것으로 보였고 합주에 필요한 좋은 음색을 갖고 있었다. 역시나 국가를 대표하는 예술단답게 격조 높은 무대였다.

 이날 무대에는 또 하나의 보석이 숨어 있었다. 서천필하모닉 오케스트라가 감미롭고 웅장한 연주로 '서천별곡'이라는 곡을 들려주었다. 권해경 지휘자가 작곡했다는 그 곡을 들으며 서천의 예술이 풍성해지고 있음을 실감했다. 서천의 예술가들이 저마다의 감성으로 서천을 표현하는 작품을 창작하는 것은 매우 바람직한 일이다. 더 많은 서천 아리랑과 서천별곡이 태어날수록, 더 많은 서천의 시와 노래와 그림과 춤이 태어날수록 서천은 누구나 살고 싶어 하는 아름다운 고장이 되어갈 것이다.

 이번 공연에서 서천필하모닉 오케스트라가 밑그림을 그리고, 몽골국립예술단이 색칠을 했다면, 화룡점정을 찍은 것은 전통예술단 혼이었다. 그들이 날렵한 몸짓으로 무대에 등장할 때마다 몽골 초원에 봄이 오고 화사한 꽃들이 피어났다. 특히, 혼의 무용수가 들고 춤추는 공작선 부채와 몽골 무용수의 모자에 꽂혀있는 공작 깃털의 공통점을 발견하고는 그 예상치 못한 이어짐에 짜릿한 동질감을 느꼈다. 공작선과 공작모가 한 몸처럼 어우러져 마치 공작새가 춤추는 듯했다. 그 모습을 보며 서천과 몽골의 특별한 인연에 대해 생각하게 되었다.

우연은 노력에 의해 필연이 된다. 서천의 공작부채와 몽골의 공작모자를 어떤 이는 우연의 일치로 여기겠지만 나는 필연이라 생각한다. 그 필연은 십여년 전 한 기업가로부터 시작되었다. 당시 몽골로 사업을 넓히면서 알게 된 몽골 예술인들을 서천의 예술인들과 연결시켜준 서천기업인협의회 장현기 회장이 아니었다면 서천과 몽골의 인연은 시작되지 않았고 이번 공연도 만들어지지 못했을 것이다.

　그때부터 그의 후원 아래 몽골국립예술단과 서천의 전통예술단 혼의 교류가 시작되었다. 2015년에 몽골에서 혼의 첫 공연이 성사된 이후 해마다 서로를 방문하며 공연을 이어왔다. 서천의 문화유산을 활용하기 위해 애쓰던 혼은 한산면에 전래되어온 공작선에서 영감을 얻어 작품을 만드는 등의 노력으로 충남을 대표하는 무용단으로 성장했고, 몽골과의 협연도 결실을 거두어 '서천아리랑'이라는 작품에 이르게 되었다.

　예술을 통해 문을 연 서천과 몽골의 인연은 점차 확대되고 있다. 지난 7월에 김기웅 서천군수가 몽골을 방문해서 몽골정부와 우호증진협약을 맺었다. 이는 지금까지의 교류가 한 단계 더 성장하여 다방면으로 이어질 수 있다는 의미를 갖는다. 몽골국립예술단도 서천을 교두보 삼아 한국에서의 입지를 넓히고 있다. 이번 방한에는 서천뿐만 아니라 충남도청을 비롯해 부여, 청주, 아산, 대전, 계룡 등을 혼과 함께 순회하며 합동공연을 펼쳐 그들의 명성을 높였다.

　기회는 노력하는 자에게 미래가 된다. 전국 228개 기초 자치단체 중에서도 인구 기준으로 172위인 작디작은 서천이 국토 면적이 우리나라의 15배가 넘는 나라를 상대로 이러한 인연을 이어간다는 것은 대단한 일이 아닐 수 없다. 지난 10여 년간 몇몇 사람이 보이지 않게 기울여온 노력이 이제 조금씩 빛을 보고 있다. 그들을 돕고 힘을 더해준다면 '네 시작은 미약하였으나 끝은 창대하리라'는 말씀이 이루어지는 것을 볼 수 있으리라 믿는다. 마침 가을이다. 새삼 풍요롭고 아름다운 서천의 가을이다.

공짜공연과 무상복지

> 악마는 무료로 첫 잔을 제공한다.
> – 영국 격언

아직 공짜공연이 대세인 서천에서 모처럼 유료공연이 있었다. 1만원의 입장료가 미안해질 정도로 공연은 훌륭했다. 아쉬운 점도 있었다. 관객의 대부분은 노인과 아이들이었다. 유료공연임에도 무료초대권이 많이 뿌려진 듯했다. 객석은 어수선하고 카메라 플래시가 계속 터졌다. 스태프들은 공연 중에도 무대 주변을 들락거렸다.

나는 공짜 공연을 좋아하지 않는다. 아무리 훌륭한 공연도 공짜가 되면 관객의 입장에서는 단지 구경거리에 불과해진다. 공연자도 실수나 빈약함에 대해 무감각해진다. 싼 게 비지떡이란 말은 괜히 생겨나지 않았다.

공짜공연에 익숙해진 공연자는 재주꾼에 지나지 않게 되고, 관객은 일 없는 사람들로 머릿수만 채운 박수부대가 된다. 아니, 박수도 잘 치지 않는다. 공짜공연의 일상화는 무대와 객석의 질을 동반 하락시키는 악순환의 출발점이 된다.

일부 지자체에서 시도하는 '천원 콘서트' 등도 좋은 대안이 될 것이다. 누구에게나 부담 없는 금액으로 알찬 공연을 즐기게 하는 것이 성공의 비결이다. 성장단계의 공연단체에게 무대를 마련해주는 기회가 되고 주민들은 폭넓은 문화예술을 자기 판단으로 구매하는 소중한 경험을 쌓게 된다.

사회복지의 문제도 같은 맥락에서 바라볼 수 있다. 갈수록 늘어나는 무상복지는 국가재정을 좀먹고 수혜자의 사회의식을 비뚤어지게 하는 망국병이 될 수 있다. 복지를 언제까지 시혜의 차원에서 다뤄야 하는 지도 의문이다.

'요람에서 무덤까지'라는 복지국가의 기틀을 최초로 정립한 영국의 비버리지는 사회보장의 원칙 중 하나로 '생존에 필요한 최소한의 급여'를 제시한 바 있다. 정부가 책임지되 직접적인 개입은 최소화한다는 의미이다. 비버리지와 영국 정부가 우리보다 인색했던 것일까?

공짜라면 양잿물도 먹는다는 말이 의미하는 것처럼 무상복지는 사회적 가치판단의 기준을 뒤틀어 놓는다. 예전에 6세 미만 아동의 입원비를 무상으로 지원하는 제도를 시행한 적이 있었다. 출산률 제고 정책의 하나였는데, 엄마들은 아이가 기침만 해도 입원을 시켰다. 외래로 진료하면 돈을 내고, 입원하면 공짜였으니 당연한 귀결이었다. 예상을 뛰어넘는 진료비 급증을 견디지 못한 정부는 서둘러 제도를 원점으로 돌려야 했다. 어느 기초생활수급자는 무상으로 매일 파스를 처방받은 뒤 이를 모아 팔아서 돈벌이를 하는 사례가 적발되어 사회적 이슈가 되기도 했다. 일본에서도 비슷한 사례가 있었다. 노인에게 입원비 무료화 정책을 시행했었는데 약삭빠른 노인들이 그것으로 여행을 다녔다고 한다. 노인이니 아픈 데는 많을 것이다. 여행지에 가서 관광 다니다가 저녁에는 입원해서 잠 잘 자고 아침까지 얻어먹은 후에 퇴원하며 여행을 계속했다고 한다.

그들의 행동이 위법은 아니지만 사회적 비난을 받았다. 그러나 선량한 국민을 파렴치한으로 만든 것이 누구인지 먼저 생각해보아야 한다. 나는 잘못된 복지제도가 범인이라고 생각한다. 무분별한 무상복지는 수혜자에게 도덕적 해이를 주입하는 독약과 같다.

호주에서는 기초생활대상자에게 조건부 급여를 적용한다고 들었다. 건강이 허락하는 범위에서 봉사활동이나 본인의 건강을 위한 운동을 하게하고 이에 대한 확인서를 받는 식이다. 우리와는 근본적인 철학이 다르다. 일방적 시혜가 아닌 것이다. 모든 사회구성원을 공동체로 보고 제각기 사회에 기여토록 하는 것이 우리의 처방과 다른 점이다.

우리의 복지제도는 비버리지의 정신을 되돌아봐야 한다. 넘치는 것은 모자람만 못하다는 선인의 가르침은 우리의 복지제도에 시사하는 바가 있다. 건강과 재산을 잃고 이를 보완할 수단이 없는 자에게만 선별적으로 무상복지를 주고 그 외에는 능력에 따라 봉사활동 등으로 사회에 기여토록 하는 것이다. 그것이 수혜자에 대한 올바른 대처이며 그들을 존중하는 일이다.

특히, 우리의 정치인이나 지도자들은 복지를 물질적인 관점에서만 바라보는 경향이 있다. 그러나 수혜자는 거지가 아니다. 능력의 방향이 다를 뿐이다. 막연한 무상복지는 사회적 무임승차자를 양산한다.

비용을 부담하는 층에게는 고통이 되고 수혜자는 공짜로 받는 것에 길들여진다. 혜택은 권리가 되고 갈수록 요구는 늘어나게 된다. 국민을 계층으로 편 가르고 사회 불신과 분쟁의 요인이 된다.

　진정한 복지란 자립, 즉 스스로 일어서게 하는 것이다. 정신적으로 개인의 자존감을 유지하며 사회적으로는 생존과 자활을 돕는 것이어야 한다. 그러므로 무상복지는 하책 중에 하책이다. 공짜공연도 마찬가지다. 직접적 도움보다는 간접적 지원이 더 어렵지만 훨씬 인간적이다. 제대로 된 복지제도는 건강한 사회를 만든다. 유료공연은 장터 구경꾼을 비로소 문화예술인으로 만든다. 이에 대한 진지한 피드백이 필요한 시점이다. 이러한 인식의 전환을 통해서 우리 모두 사회의 객체가 아닌 주체가 되고 이웃과 어우러지는 공동체를 이루어갈 수 있을 것이다.

생문동의 매력과 가치

> 동해에 밤이 오고 달빛 푸르면
> 어린 게는 걸어가는 법을 배웁니다
> 걷는 법이야 어미 게와 어린 게가 무엇이 다르겠습니까만
> – 이상국

 국민소득이 1만 달러를 넘으면 동네에서 조깅을 하고 2만 달러를 넘으면 차 끌고 전국 여행을 하고 3만 달러를 넘으면 비행기 타고 세계를 누빈다고 한다. 우리나라가 3만 달러를 넘어선지 벌써 5년이 지났고 국제원조를 받는 개발도상국에서 원조를 해주는 선진국 그룹으로 유엔에서의 지위가 변경된 지도 2년이 넘었다. 우리나라는 정말 선진국이 된 것일까?
 물질은 쉽게 변하지만 우주보다 복잡한 인간의 의식구조는 일사불란하게 변화되지 않는다. 유럽이 2세기에 걸쳐 이룩한 경제성장을 우리는 반세기만에 달성했다. 사회질서와 가치관의 전환은 이 속도를 따르지 못해 여러 가지가 뒤엉킨 채 일정한 방향 없이 좌충우돌하고 있다. 지금의 대한민국은 선진국 국민과 개발도상국 국민과 후진국 국

민이 함께 사는 나라이다. 국내총생산(GDP)이 수년 째 세계 10위권을 유지하고 있지만 한국인의 행복 순위는 149개국 중 62위라는 2021년 세계행복보고서의 발표는 우리 사회의 빛과 그림자를 잘 보여준다.

'배부르고 등 따뜻하면 다른 생각을 한다.'는 속담처럼 소득 증대는 삶에 관한 인식에 변화를 가져온다. 미래학자인 토마스 프레이에 따르면, 국민소득 3만 달러의 시대에는 '소유'가 아닌 '경험'을 중시하게 된다고 한다. 사람들이 제품보다 좋은 경험을 사려는 경향이 높아진다. 매슬로우의 욕구 5단계 중 최고 단계인 자아실현의 욕구에 해당하는 '가치 소비'를 하게 된다고 한다. 전에는 수백만 원짜리 오디오 시스템을 장만해야 행복했다면 이제는 공연장을 찾아다니며 열광하거나 직접 무대에 올라야 행복해지는 사람이 늘어나고 있다.

삶의 스타일도 바뀌고 있다. 문화예술이 곧 복지인 시대가 오고 있다. 문화예술이 바로 가치소비의 주 대상이기 때문이다. 다만, 이를 위해서는 우리 국민이 이른바 '예체능'에 익숙해져야 하고 이에 대한 사회적 인프라가 깔려있어야 하는데 우리 사회는 아직 이 부분이 취약하다. 예들 들면 서천에는 아직 전용공연장과 전용전시장이 없고 다목적공간만 수두룩하다. 인식이 부족하기 때문이다. 사람도 마찬가지다. 어려서 공부만 하고 젊어서 일만 하다 늙은 탓에 취미도 없고 '잘 노는 법'을 몰라서 돈을 쌓아놓고도 해외여행 한 번 못 가보고 죽는 불행한 노인들이 우리 주변에 적지 않다.

생활문화예술동아리, 이른바 '생문동'과 생활체육동호회 등이 그 대안으로 등장하고 있다. 생문동은 개인이 건전한 취미활동을 시작할 수 있게 하는 사회적 장치의 역할을 한다. 취미활동이 주목받는 까닭은 그것이 현대인의 스트레스를 해소하고 삶의 만족도를 높여주기 때문이다. 늘어나는 여가 시간과 평균수명으로 인해 생겨나는 삶의 긴 공백을 채워줄 거의 유일한 대안으로 주목받고 있다.

생문동은 크게 3가지 유형으로 나뉜다. 읍면 주민자치센터나 평생학습센터, 문화원 등의 주민강좌 수강생들로 만들어지는 가장 초급단계의 동아리가 있고, 주부독서회처럼 동호인들이 자발적으로 모여 여러 해 동안 꾸준히 이어오는 그룹도 있고, 생활음악협회처럼 전국적인 조직망을 갖추고 적극적으로 활동하는 모임도 있다.

특히, 삶의 반경과 사회성이 좁은 사람에게 생문동은 훌륭한 길잡이가 된다. 취미가 없는 사람과 대화를 나눠보면 일 외에 자신이 무엇을 잘 할 수 있는지를 모르는 경우가 많다. 그런 경우 가장 쉽게 빠지는 것이 술과 도박이다. 컴퓨터 게임도 그룹이 아닌 혼자서만 하는 것이라면 위험성이 매우 크다. 생문동은 사람들과 교류하게 만들며 아울러 자신의 숨겨진 재능을 발견하게 하여 자존감을 높여준다. 비로소 예술이 주는 쾌감을 알게 되고 삶에 또 다른 목표를 갖게 되면서 반짝반짝 윤기를 더하게 된다.

예술에 대한 안목이 높아질수록 좋은 공연과 전시에 대한 욕구가 짙어지므로 생문동 회원은 훌륭한 관객이 되어 지역예술의 저변을 확장하는 역할도 한다. 문화예술의 소비가 증가할수록 사회는 풍성해지고 발전의 동력이 강해진다. 서천에 생문동이 많아지고 회원이 늘어나 전

군민이 하나 이상의 취미를 갖게 된다면 우리는 비록 삶이 고단하더라도 이겨낼 수 있는, 탄력 있는 정신을 갖게 될 것이며 지금보다 더 행복해질 수 있다. 가능하다면, 예술 분야와 스포츠와 봉사활동까지, 이렇게 3종의 취미를 갖는다면 삶의 새로운 지평이 열릴 것이다.

생문동의 활성화는 인간관계에도 근본적인 변화를 가져온다. 지금까지 우리는 지연과 학연을 가장 중시해왔다. 이런 관계는 선택이 강제되고 외부에 배타적일 수밖에 없다. 일정한 지역에서 살아야 했던 농경사회의 유산이라 할 것이다. 그러나 생각의 방향이 같은 사람들의 연계는 스스로 선택할 수 있다. 범위에 제한이 없고 외부와 공존할 수 있다. 이는 사회적 관계에 대한 인식과 행동양식에 합리성을 부여한다. 합리적 인간관계는 산업사회와 정보화 사회의 발전에 필수적인 요소이기도 하다.

앞으로 생문동에 대한 관심과 응원이 더해지기를 소망한다. "전문예술인에게는 지원금이, 생문동에게는 무대가 필요하다"는 서천군의회 모 의원님의 말씀에 깊이 공감한다. 무대는 공연자를 자극하고 성장시킨다. 생문동의 무대를 늘려가는 것이 우리를 안정된 선진사회로 이끄는 여러 길 중에 하나가 될 수 있다. 우리 지역사회를 더 즐겁고 행복한 곳으로 만들어 줄 수 있다. 모두 어우러져 춤추고 노래하고 뛰어가는 서천! 그 꿈만으로도 우리는 행복해진다.

건반 위의 춤

> 흔들리지 않고 피는 꽃이 어디 있으랴
> 이 세상 그 어떤 아름다운 꽃들도
> 다 흔들리면서 피었나니
> – 도종환

지난 7월 7일 7시, 조영웅과 백유영의 「건반 위의 춤」을 아내와 함께 보았다. 문예의 전당 주차장에 자리가 없을 것 같아 멀찌감치 주차를 하고 입장을 했다. 가는 내내, 500석을 꽉 채우겠다던 그들의 야심 찬 바람이 이루어졌을지 궁금했다.

공연은 깔끔했다. 군더더기가 없었다. 그래서 시골 무대답지 않았다. 토크쇼 형식으로 진행되었는데 진행자의 입담과 출연진의 대화가 넘치지도 모자라지도 않았다. 중간에 무대 정리를 하느라 생기는 공백이 없어서 90분 공연이 훨씬 알차게 느껴졌다.

공연은 요즘 유행하는 토크쇼 형식이었다. 대중가수의 공연은 물론이고 그동안 일체의 작품 해설이나 출연자의 한 말씀 따위를 배제하던 정통 클래식 연주회도 요즘에는 지휘자가 직접 작품을 해설하거나 출연자들이 코믹한 행동을 하는 등 대중친화적으로 변하고 있다.

관객의 입장에서는 이런 공연이 편하다. 작품의 해설이나 뒷이야기들을 들을 수 있고 출연자들은 재미있는 이야기를 준비하게 마련이므로 듣고 볼게 많아진다. 토크쇼 형식이 유행하는 이유가 있는 것이다.

조영웅과 백유영은 이번 「건반 위의 춤」에서 서양음악과 우리 춤의 만남에 의미를 두고 있는 듯했다. 공연의 전반부는 피아노에 맞춰 춤이 어우러졌고 후반부에 우리 춤과 음악의 요소가 강조되는 구성이었다.

서양 음악과 국악의 협연은 드문 일이 아니다. 피아노와 춤의 조화도 수백 년 거듭된 작업이다. 그럼에도 피아노와 한국무용의 만남은 새로운 무언가를 기대하게 한다. 뿌리가 다른 두 요소의 결합이 예기치 않은 결과를 가져올 수 있기 때문이다.

이번 공연에서도 상상력을 자극하는 즐거움을 누릴 수 있었다. 특히 리아도프의 「뮤직박스」가 그러했다. 이 곡은 오르골 인형의 춤을 주제로 한 것인데, 백유영은 한국무용으로 이를 해석해냈다. 서천군립 전통무용단의 예술 감독인 그녀는 발레 동작이 아닌 태평무와 살풀이 등을 등장시켰다. 작품 의도가 분명히 드러나는 이번 공연을 대표하는 가장 인상적인 장면이었다.

그럼에도 공연의 중심은 조영웅의 피아노였다. 그는 러시아와 미국에서 유학한 촉망받는 젊은 피아니스트이다. 현재 서천 문예의 전당에서 복무 중이다. 사회복무요원, 이른바 공익이다. 이런 훌륭한 인재를 거의 공짜로 지역에 잡아둘 수 있다니! 갑자기 병역 의무에 대해 감사한 마음이 무럭무럭 자란다.

젊은 피아니스트답게 선곡이 신선했다. 대부분의 연주회는 대중에 친숙한 몇 곡에 대가의 명곡 몇 곡을 내세우기 마련이다. 그러므로 쇼팽의 녹턴 등은 청중을 위한 서비스라 하겠다. 그러나 정작 그가 들려주고 싶었던 연주는 니콜라이 카푸스틴의 「변주곡」과 윌리엄 볼콤의 「뱀의 키쓰」인 것으로 보인다. 이 곡들이 상당히 참신했다. 재즈풍의 현대 클래식 작품이었다.

고전음악이 시대를 관통하는 아름다운 울림을 갖고 있지만 그러나 낡은 것임에는 틀림없다. 이에 식상한 연주자나 애호가들은 새로움을 갈구하게 된다. (그러다가 역시 클래식이야 하면서 되돌아가기도 하지만…) 그래서 현대 클래식 음악가들은 새로운 시도를 거듭한다. 재즈를 입히기도 하고 동양음악에 접목하기도 한다.

조영웅이 들려준 두 작품도 그러한 범주에 속한다. 재즈의 흥겨움과 러시아의 웅장함의 바닥에는 진한 슬픔이 느껴진다. 그것은 우리의 정서와도 맞닿아있다. 그 한 가닥이 조영웅의 가슴을 이끈 것일까? 그의 연주에는 힘과 젊음이 있었다.

예술은 존재하는 것들 사이에 새로운 연결을 만드는 행위이다. 두 사람의 협연이 기대 이상이어서 아내는 매우 만족스러워했다. 객석을 가득 매운 사람들도 행복한 모습이었다. 그에 더해서 또 다른 희망을 느낄 수 있었다. 그것은 지역 예술인의 가치와 지역문화에 관한 것이다.

이번 공연은 조영웅과 백유영이라는 예술인들이 서천이라는 공간에 함께 있지 않았다면 이루어질 수 없는 것이었다. 평소 문예의 전당에서 자주 대하며 농담처럼 '우리 같이 만들어 볼래?'하던 것이 이날의 작품이 되었다고 무대에서 그들은 말했다.

서천 사람의 작품에는 서천의 향기가 녹아든다. 백유영이 야심차게 준비하고 있다는 신작 「청풍명월」이 그러하다. 그녀는 작품의 일부를 이날의 피날레 무대로 보여주었다. 지역의 정서가 녹아있는 작품들이 쌓여 지역의 문화가 된다. 이런 자산은 돈으로 결코 살 수 없다. 지역 문화예술의 미래는 지역의 작가들이 얼마나 활발하게 활동하느냐에 달려있다. 그러므로 지역 예술인을 위한 자리가 더 많아져야 한다. 주민들은 그런 무대를 찾아 박수를 보내줘야 한다.

예술은 '소유'하는 것이 아니라 '경험'하는 것이며, 지역 예술은 그 경험을 더 가깝게 만든다. 시골이라 수준 낮은 공연 밖에 없다고 폄하하는 것은 사실은 비겁한 일이다. 물을 주고 가꾸면 예술은 자란다. 정치가 그 나라 국민의 수준을 반영하듯이 지역의 문화예술의 수준은 그곳에 사는 위정자와 관객의 수준이기도 하다.

서천의 모든 예술인들이 당당히 자신의 작품을 빚기를 바란다. 서울의 유명인에 비해 명함이 빈약하더라도, 예술은 명함으로 하는 것이 아니다. 우리는 남들이 할 수 없는 일을 한다. 바로 서천의 작품을 만드는 일이다. 그것이 예술가의 사회환원 방법이다. 또한 그것이 자신의 예술에 새로운 동력을 불어넣는 성장의 길이 되어줄 것이라 믿는다.

중고제 판소리는 되살아날 수 있을까?

> 공자께서 말씀하셨다.
> 옛것을 익혀서 새것을 안다면, 스승이라고 할 수 있을 것이다.
> - 『논어』, 子曰 溫故而知新 可以爲師矣.

　판소리는 2003년 유네스코 인류무형문화유산으로 등재되어 세계적 가치를 인정받은 우리의 소중한 전통문화 중 하나이다. 중고제(中高制)는 충청지역에서 불리던 판소리 유파의 한 갈래이며 서천은 당대 5명창 중의 2인이며 중고제의 거두인 이동백과 김창룡의 고향이다. 그 인연으로 중고제를 되살리자는 작지만 소중한 문화운동이 서천에서도 미약하나마 이어지고 있다.

　중고제라는 명칭에서 '중고'는 시기적으로 중간을 나타낸다. 판소리는 고조→중고조→신조의 단계로 변화되었다. 예인들에 의해 시작된 판소리의 원형을 '고조'라는 명칭으로 상정해두고 나름의 음악적 형식을 갖춘 단계를 '중고조'라 칭했다. 그러므로 중고제가 판소리의 사실상 원 형태라고 볼 수 있다. 1920년대 이후로 전라도를 중심으로 발전한 소리를 신조라 한다. 신조는 다시 서편제와 동편제로 분화되어 현대 판소리를 대표하고 있다.

　판소리라 하면 흔히 전라도의 음악으로 인식되지만 사실은 경기, 충청지역에서 비롯되었다. 그것이 바로 중고제인데 아쉽게도 제대로 전승되지 못하고 있다. 중고제는 우조와 평조를 바탕으로 한 웅장하고 점잖은 발림, 선율의 단아함이 특징이라고 한다. 만약에 중고제가 복원되어 동편제, 서편제와 함께 판소리의 한 축을 형성할 수 있다면 국악의 발전은 물론이며 돈으로 살 수 없는 지역 문화의 엄청난 자원이 될 수 있을 것이다.

　그러나 현실은 간단하지 않다. 중고제 복원을 주장하는 이들은 중고제 명창의 일부 공연이 유성기 음반으로 남아있으므로 이를 근거로 되살려야 한다는 입장이다. 이를 위해서는 일단 원형을 정립하고 젊은 층에게 이를 교육하여 전승자를 육성하며 동시에 꾸준히 발표 무대를 유지해야 함을 강조하고 있다. 복원의 과정은 매우 어렵고 오래 걸리는 일이다.

　중고제 맥잇기의 어려움은 이동백과 김창룡이 제자를 두지 않았다는 점에서 비롯된다. 유일하게 정광수가 이동백에게 적벽가 중 '삼고초려'를 배웠다는 기록이 남아있을 뿐이다. 학계에서는 정광수가 서편제와 동편제 등을 두루 섭렵하며 많은 공부를 하던 소리꾼 중에 하나이기 때문에 그를 중고제의 전승자로 볼 수 없다는 의견도 있다. 이 주장에 따르면 중고제를 되살릴 방법은 복원 밖에는 없게 된다.

　반면에 박성환이 정광수에게 중고제의 일편을 배웠으므로 중고제가 가늘게나마 이어졌다는 견해도 있다. 이 의견에 따르면 미약한 불씨를 잘 키워나가는 것이 중요해진다. 나는 특히 이 부분을 주목해야 한다고 생각한다. 사실 옛것을 고스란히 이어받아 전승하는 것은 한계가 있다. 체계적인 교육기관이 아니고서는 개인 전승에 기댈 수밖에 없고 그렇다면 질과 양의 문제로 남는다. 지금 시점에서 중요한 것은 전체를 배웠는가, 한 곡을 배웠는가의 문제가 아니라 이어졌느냐, 단절되었느냐의 문제이다. 이어진 것이 분명하다면 자료는 찾아서 덧붙일 수 있기 때문이다. 전통의 전승에서 그러한 사례는 세계적으로 적지 않다.

박성환은 한때 서천에서 '중고제판소리학당'을 만들고 사람들을 모아 가르치는 등 맥을 잇기 위한 노력을 기울이기도 했다. 그러나 개인 혼자만의 힘으로는 난망한 일이므로 사회적 지원이 필요했지만 여의치 않았다. 결국 그는 서천을 떠나 공주로 갔다. 그곳에서는 상당한 지원을 해준다고 한다. 그는 서천에 대한 애착을 버리지 못해 최근에도 장항에서 강습을 열어 후학들을 가르치고 있다. 서천에서 아직 중고제의 불씨가 사라지지 않고 있는 것의 상당부분은 그의 노력 덕분이라고 생각한다.

생각해보면, 서천은 나태주 시인에 이어 박성환 명창에 이르기까지 귀중한 문화적 인재를 계속 타 지역에 내어주는 듯하다. 우리가 보듬지 못한 탓에 스카우트 당한 것이겠지만 속이 쓰린 것은 어쩔 수 없다. 우리의 단견과 문화적 자산에 대한 몰이해를 원망하지 않을 수 없다.

한편으로는 판소리로서 중고제가 갖는 차별성이 명확히 연구되어 정립되지 못하고 있다는 점도 매우 곤란한 문제이다. 특히 중고제는 매우 즉흥성이 강해서 이동백이나 김창룡도 같은 대목을 두 번 똑같이 부른 적이 없다고 한다. 이렇다면 복원을 해도 어느 것을 정형으로 삼아야 할지 이론이 생길 수 있다. 이 문제는 학자들의 정리를 기다릴 수밖에 없다.

예컨대 중고제 창법의 특징은 저음에서 시작해서 창자가 부를 수 있는 고음까지 올라갔다가 내려오는 것이라 한다. 이 말은 창법이 매우 자유로우며 소리의 기교보다는 소리꾼의 순수한 발성의 역량에 주로 의존하는 소리라는 의미로도 해석된다. 이처럼 비정형적이며 기교가 적은 이유는 중고제가 양반문화의 영향을 받은 가곡풍의 소리에서 출발했기 때문이며 제대로 정립되기 전에 전라도로 넘어가 변화되었기 때문일 것이다. 그렇게 생각하면 중고제는 시조창과 현대 판소리의 중간 형태였을 수도 있겠다.

옛스럽고 단순하기 때문에 중고제는 30년대 이후 점차 소리꾼의 입에서 멀어지기 시작했다. 판소리를 배우러 경기 충청의 소리꾼들도 전라도로 배우러 가는 형편이었다. 이는 중고제가 세력을 잃어가는 주된 원인이 되었다고 한다.

그러나 넓게 보자면 이러한 약점은 중고제만의 것이 아니다. 현대 음악에 비하면 국악 자체가 이론적으로나 기교면에서 고졸함을 면하기 어렵다. 그럼에도 우리는 국악만의 매력을 찾아내며 이를 지키며 발전시키고 있다. 중고제의 고졸한 특징을 오히려 장점으로 인지하고 이를 부각하는 것이 중고제 되살리기의 본질이 되어야 한다.

중고제는 충청도 소리의 가치와 소중함을 일깨워준다. 그동안 판소리는 응당 전라도 사투리로 해야 제 맛이 난다고 생각했다. 그러나 그 원류는 충청도였다. 아마도 중고제는 충청도의 유장한 가락과 말투를 바탕으로 짜였을 것이다. 즉흥성은 원형 재현이 어렵지만 적당한 규칙만 찾아낸다면 변화무쌍한 흥미의 요소가 된다. 기교가 적다는 것은 판소리에 익숙하지 않은 현대인이 접근하기 유리한 장점이 될 수도 있다.

나도 일전에 내포제 시조를 한 수 배운 적이 있다. 가락의 변화가 적고 창법이 맑아서 입문하기가 비교적 수월하고 매력적이었다. 중고제와 내포제는 같은 충청도 소리이다. 점잖고 웅장하며 절제된 음악적 특징도 유사하다. 그렇다면 중고제야말로 오히려 현대인의 취향에 맞는 음악이 될 수도 있지 않을까? 어쩌면 중고제가 우리의 소리판을 더욱 풍성하게 만들어줄 수 있을 지도 모른다. 바라건대 옛것을 되살려 새것으로 만드는 길溫故而知新에 중고제가 함께 하고 그 길에 우리 서천이 중심의 한 축이 될 수 있기를 소망한다.

인문학의 시선으로 박물관을 거닐다

> 서림군西林郡은 본래 백제의 설림군舌林郡인데,
> 경덕왕이 이름을 바꾸었다.
> – 김부식 「삼국사기」 西林郡 本百濟舌林 景德王改名

　바야흐로 인문학의 시대다. 여러 해 전부터 불기 시작한 바람이 이제는 태풍이 되었다. 각종 강연과 책 제목에 인문학이란 꼬리표를 다는 게 유행이다. TV에도 인문학 강연과 토크쇼의 비중이 이른바 먹방으로 불리는 음식 프로그램에 버금가는 비중을 차지하는 추세다.

　과학은 지식을 주고 인문학은 지혜를 준다. 인문학의 영역은 이른바 '문사철'로 대표되는 문학·역사·철학을 중심으로 예술·고고학·언어학 등을 망라한다. 넓게 보자면 자연과학이 아닌 영역은 모두 인문학에 점령되고 있다. 최근에는 자연과학자마저 인문학을 외치면서 텃밭 지키기에 힘쓰고 있다.

　인문학의 본질이 인간정신을 탐구하는 것이라지만 최근의 유행은 그것만으로는 설명되지 않는다. 왜 우리는 갑자기 인문학이 필요하게 되었을까? 그 이유는 인문학이 우리에게 무엇을 줄 수 있는지를 생각하면 답이 나온다.

별로 실감나지는 않지만 우리는 국민소득 3만 불을 자랑하는 부자 나라에 살고 있다. 어제까지만 해도 먹고 사는 게 최우선이던 사람들이 삶의 질을 따지게 되었다. 매슬로우의 동기이론에 따르면 인간은 생존의 욕구가 채워지고 나면 사회적 인정과 자아실현을 추구하는 단계로 나아간다. 우리는 이제까지와는 다른 세계에 진입한 것이다.

급변하는 세상 속에서 우리는 기술 발전이 가져다주는 편리함과 풍요로움 뒤에 감춰진 인간 소외의 역설에 직면하고 있다. 인문학은 이러한 문제들을 성찰하고, 우리가 인간으로서 어떻게 살아가야 할지에 대한 근본적인 질문에 답을 찾는 데 필요한 지혜를 제공한다. 이 시대의 지식인이란 교양을 갖추고 문화예술을 이해하며 균형 잡힌 사고를 가진 자를 뜻한다. 이러한 특성은 폭넓은 인문학적 지식을 탐구하는 과정에서 얻어진다.

그래서 우리는 목마르게 묻는다. 삶이란 무엇인가? 무엇을 추구하며 살아야 하는가? 그리고 또 묻는다, "나는 누구인가?" 인문학은 그렇게 우리에게 질문하는 법을 가르치고 대답을 찾도록 도와준다. 또한 그 다음 단계로 나아가도록 이끌어준다.

사회 구성원의 의식 수준이 향상된다는 점에서 최근의 인문학 열풍은 바람직한 현상이다. 결코 강제할 수 없는 이러한 풍조가 자발적으로 일어난 것은 우리 민족의 저력을 보여주는 일이다. 그만큼 사회가 건강하다는 반증이기도 하다. 다만 인문학의 습득이 아직까지는 개인의 능력에 달려 있다는 점은 아쉽다. 각자 알아서 찾아다니고 공부해야 한다. 지역 차원에서 이를 지원할 제도와 장치가 마련될 필요가 있다.

　인문학을 배양하기 위한 대표적인 시설을 꼽자면 박물관과 도서관을 빼놓을 수 없다. 박물관은 살아있는 백과사전이다. 지역의 역사와 문화, 풍습과 인물, 유물과 기록을 모두 모아 체계적으로 보여준다. 이 땅에서 오래전에 사랑하고 투쟁하던 사람들의 숨결이 깨어진 유물 어딘가에 깃들어있다. 박물관에서 우리는 우리를 재발견한다. 과거에서 현재로 연연히 이어져 미래로 갈 우리의 모습이다.

　서천에는 미흡하나마 도서관은 갖춰져 있지만 아직 박물관은 없다. 전시할 자료가 없어서가 아니라 다른 사업에 비해 우선순위에서 뒤져 있기 때문이다. 이는 누구의 책임이라기보다는 지방자치제도의 한계이기도 하다. 지역의 부익부 빈익빈 현상이 초래되기 때문이다. 그러나 박물관은 지역문화의 발전과 관광자원의 확충 차원에서도 반드시 필요한 시설이므로 서천에도 언젠가 지어질 것이라 믿는다.

　만약 박물관이 생긴다면 어떤 것들이 전시될 지를 미리 꿈꾸어보는 일은 흥미롭다. 아마도 장항 장암리 패총을 비롯한 선사시대 유물로 시작해서 백제의 유적을 거쳐 일제시대의 항쟁 흔적들이 담기게 되지 않을까 싶다. 한산모시와 소곡주는 따로 한 자리를 차지할 만하다. 서해안 시대의 관문으로서 기벌포를 재조명하거나 장항의 제련소와 미곡창고, 도선장 등의 아릿한 추억도 불러올 수 있다. 아울러 이를 활용한 테마관광의 주제도 선명해질 수 있다.

　박물관은 그 지역의 정체성을 대변한다. 서천이 어떤 지역이냐는 질문에 총괄적으로 답해줄 수 있는 곳은 박물관이 유일하다. 우리 지역의 역사와 철학과 문학, 그리고 우리의 예술과 미래 비전이 그곳에 담길 것이기 때문이다. 백제는 공주와 부여에만 있지 않았고 근대 유산은 군산에만 남아있는 것이 아니다. 철새는 서산을 지나 날아오고 갯벌은 보령에 못지않게 찰지다. 그것을 정리하고 드러내며 의미를 부여하는 작업은 현재를 살아가는 우리들의 몫이다.

최근에는 전세계적으로 불고 있는 K-컬처의 영향으로 국립중앙박물관의 인기가 하늘을 찌르고 있다고 한다. 방문객 기준으로 세계의 6위의 박물관으로 올라섰고 자체 개발한 일명 뮷즈라 불리는 문화상품의 판매액이 2024년에는 213억원이라는 대단한 성과를 올렸다고 한다. 문화예술이 예산만 잡아먹는 천덕꾸러기가 아니라는 사실을 웅변해준다.

서천 군민이 인문학을 찾아 스스로 공부하듯이 서천군도 지역의 정체성을 정립하기 위한 진지한 고민을 해야 할 때가 되지 않았을까? 인문학의 열풍이 서천으로도 불어와 열매를 맺기를 바란다. 서천 경제의 미래의 먹거리는 무엇일지, 어디에 투자해야 군민 전체의 행복도가 높아질 것인지를 인문학의 관점에서 생각하는 사람들이 많아졌으면 좋겠다. 흥미로움이 가득한 박물관으로 가는 길이 그중에 하나가 되기를 꿈꾸어 본다.

지역예술의 과제

> 모든 예술의 궁극적인 목적은
> 인생을 다시 살 만한 가치가 있는 것으로 만들어주는 것이다.
> 또한 그것은 예술가에게 더없는 위안이 된다.
> – 헤르만 헤세

  2025년 푸른 뱀의 새해가 밝았다. 해마다 이맘때면 여러 소망을 꼽아보지만 올 해는 특별한 감회가 있다. 최근 나라가 어려워지면서 문화예술 관련예산이 직격탄을 맞고 있다. 문화예술은 먹고사는 문제와 직결되지 않아서 긴축재정에서 가장 먼저 손대는 분야이다. 서천은 특히 재정이 어려운 곳이라서 절로 어깨가 움츠러든다. 없는 돈일수록 효율적으로 쓰이기를 바랄 뿐이다. 새로 출범하는 반관반민 성격의 전문기관인 서천문화관광재단에 대한 기대가 갈급해지는 이유이기도 하다.

  많은 과제가 놓여있지만, 문화예술의 일선에서 일하며 가장 절실한 것은 부족한 인프라와 관객의 문제이다. 이는 닭이 먼저냐, 달걀이 먼저냐의 관계일 수 있다. 역으로 생각하면 하나가 해결되면 다른 하나는 따라온다고도 볼 수 있다. 그렇다면 어느 쪽을 우선해야 할까? 당연히 인프라가 우선되어야 한다. 인프라는 물적 자원이고 관객은 인적 자원이다. 물적 자원은 돈으로 해결할 수 있지만 인적 자원은 유입과 교육이 필요하고 이는 시간을 필요로 한다. 더구나 교육한 그대로 결과로 이어지지도 않는다.

제대로 된 인프라는 2가지 요건으로 좌우된다. 첫째는 입지로, 그 시설의 목적에 가장 적합한 지역에 위치해야 한다. 공연장은 접근성이 관건이므로 외진 곳에 자리하면 이용률이 낮아질 수밖에 없다. 입지에 실패하면 없는 것보다는 나은 정도의 시설이 되고 만다.

인프라의 둘째 요건은 적정한 규모이다. 이를 무시하면 낭비와 비효율을 낳는데 그런 사례가 수두룩하다. 적정 규모는 인구를 기준으로 산출하는 것이 합리적이다. 충남의 대표적 공연장 중에 하나인 천안예술의전당 대공연장은 65만 명 인구를 대상으로 1,642석의 객석과 230명이 동시 출연할 수 있는 무대를 갖추고 있다. 넉넉하게 이를 기준으로 삼는다면 서천 인구 약 5만 명에 대한 적정 객석 수는 약 120석으로 산출된다. 더 엄밀하게 분석한다 해도 크게 벗어나지 않을 것이다. 이것이 현실이다.

그런데 서천의 대표적 공연장인 문예의전당은 626석이다. 반의반도 채우지 못하는 경우가 많다보니 이를 우려하는 분들이 적지 않다. 객석을 채우지 못하면 무슨 의미가 있느냐, 더 노력해서 객석을 채워달라는 당부를 여기저기서 듣는다. 그러면 나는 서천 인구도 인근 지역만큼 늘려달라고 농담 삼아 말하지만 대부분의 공연 주최자들은 어쩔 수 없이 자신들의 탓으로 돌리며 의기소침해진다.

  그래서 등장한 해결책이 바로 경품이다. 행사장에나 등장하던 경품이 이제는 공연장까지 휩쓸고 있다. 심지어 전에는 추첨으로 주던 것을 이제는 참석자 모두에게 주기도 한다. 홍보하러 나가보면, 동네 어르신들이 거기 가면 뭘 주느냐고 예사롭게 묻는다. 어떤 공연은 경품비만 수백만 원이 나갔다는 믿기지 않는 후문도 들린다. 공연으로 관객을 모으지 않고 경품으로 승부하게 된다면 그 지역의 문화예술은 머지않아 사망선고를 받게 될 것이다. 참으로 암담한 미래가 아닐 수 없다.
  이러한 현상의 원인은 지나치게 많은 객석과 부실한 인프라에 크게 기인한다. 실적에 목을 매는 한탕주의 공연도 제 몫을 한다. 그러나 무료공연은 약발이 떨어져 독이 된지 이미 오래다. 이런 상황이 계속된다면 서천의 지역예술은 메인 행사를 위한 눈요기 꺼리로 전락하게 될 것이다. 지금 서천에 필요한 것은 120석 안팎의 객석에 제대로 된 무대와 보조공간을 충분히 갖춘 소극장이다. 그리고 작지만 꾸준한 정기공연과 예매제를 활용하여 조금씩 젖어들게 하는 가랑비 전략이다.

  조명이 꺼질 새 없는 소극장에서, 우리 주민이 많이 참여할 수 있는, 중하급 수준의 다양한 공연을, 최대한 정기적으로, 예측가능하고 지속가능하게 펼치는 정책이 지금 우리에게 꼭 필요하다. 이를 통해 좌석 매진사례를 만들어가야 한다. 입장료 1천원이라도 유료공연을 하고 예매제를 정착시키면 비로소 흉내 내기에서 벗어나 선순환이 시작

될 것이다. 그것이 문화이고 예술이다. 남들은 이미 하고 있는 것이지만 우리는 이제라도 시작해야 한다. 그렇게 되기를 간절히 소망한다.

　뒤집어보면 이상은 가깝고 현실이 먼 것일 수 있다. 어쨌든 현실 속에서 방향을 잡고 헤쳐나아가야 한다. 갓 태어난 서천문화관광재단이 기존 타성에 젖지 않고 문화예술에 새로운 그림을 그릴 수 있는 능력을 갖춘 기관으로 자리잡기를 바란다. 새해를 맞으며 그들에게 푸른 뱀의 힘과 용기와 지혜가 함께 하기를 기원한다.

Dynamic Korea에서 Systemic Korea로
- 전통공예품 및 관광기념품 공모전의 상생 발전을 위하여

다이나믹 코리아는 김대중정부가 2002 한일월드컵을 앞두고 국가 브랜드를 홍보하기 위해 만든 슬로건이다. 20여 년이 지났지만 2025년의 한국사회는 여전히 다이나믹 코리아를 증명하고 있다. 얼마 전의 위태로웠던 한국과 지금의 한국은 전혀 다른 나라처럼 느껴진다. 수도권과 지방의 격차도 갈수록 커지고 있다. 서천에 살고 있는 내가 어쩌다 서울 나들이를 하면, 복잡한 전자시스템과 낯선 거리 풍경에 놀려 이상한 나라에 떨어진 엘리스가 되곤 한다. '다이나믹 코리아'는 역동적으로 발전하는 우리 사회를 상징하지만, 한편으로는 그만큼 우리 사회의 빛과 그림자가 뚜렷하다는 의미로도 쓰인다.

수도권으로 인구가 집중될수록 지방에는 아이의 울음소리가 사라진다. 중앙으로 돈이 몰릴수록 기초자치단체의 재정자립도는 낮아지고, 문화예술도 더 기회가 많고 보상이 높은 중앙으로 몰린다. 기회가 많아지는 것이 반드시 바람직한 것은 아니다. 기회가 경쟁을 낳고 경쟁이 성장을 이끌어왔지만 이로 인해 야기된 무한경쟁은 점차 우리를 병들게 하고 있다. 극심한 경쟁과 스트레스는 낮은 출산율과 높은 자

살률로 이어지고 소득불균형과 사회적 불평등은 우리를 분열시키고 있다.

문화예술의 영역에서도 기회의 확대가 무한경쟁과 도태로 이어지는 사례는 적지 않다. 지방과 중앙의 문화예술이 경쟁하고 민간단체와 공공기관이 유사한 행사로 성과를 겨루는 경우가 그것이다. 이는 예산과 인력 면에서 명백히 기울어진 운동장이 된다. 이런 상황에서 풀뿌리 지역예술의 존립은 사실상 어려워진다. 대표적인 사례로, 거의 모든 지자체에서 시행하고 있는 '전통공예품 및 관광기념품 공모사업'을 들 수 있다.

전통공예와 관광기념품의 가치와 이를 발전시켜야 한다는 당위성은 굳이 설명할 필요가 없다. 그래서 충남 16개 시·군에서 모두 이런 행사를 하고 있고 도 단위로도 공모전이 열린다. 전국규모의 공모전도 당연히 있다. 그로 인해 해가 갈수록 상위 공모전은 성황을 이루지만 반면에 시·군 단위 공모전의 위상과 참여자의 열기는 갈수록 식어가고 경쟁력은 낮아지고 있다.

예전에는 시·군 공모전이 1차 예선대회의 역할을 맡았었다. 시·군 공모전의 입상자들이 도 공모전에 진출하고 도 공모전 입상자가 전국 공모전에 출전하는 연결 시스템이었다. 몇 해 전부터 이러한 지역의 역할분담이 사라졌다. 도 내에서는 누구나 어느 공모전이든 참여할 수 있게 되었다. 작가 입장에서는 시·군 공모전을 거치지 않아도 도 단위 공모전에 자유롭게 도전할 수 있으니 기회가 확대된 것이고, 도 공모전의 입장에서는 참여의 폭과 다양성이 늘어나니 좋은 정책으로 여겨졌을 것이다. 그렇다면 과연 이 시스템은 성공한 것일까?

유감스럽게도 동의하기 어렵다. 시·군 공모전이 갈수록 활력을 잃고 있기 때문이다. 예산 자체가 적다보니 상금이 상위 공모전에 비해 푼돈이고 수상을 해봐야 도록에 한번 실리고 며칠 전시하면 끝이다. 별도의 혜택이나 지원은 대부분의 지자체에서는 요원한 일이다. 어떤 작가는 '3위 안에 들지 못한다면 시·군 공모전은 건너뛰는 게 낫다'라고 푸념하기도 한다. 지역 작가는 갈수록 줄고 있는데, 그나마 의욕적인 작가들마저 지역 공모전을 외면하는 것을 탓하기도 어렵다. 머지않아 시·군의 공모전은 용도폐기 될지도 모른다. 그렇다면 기회의 확대가 상생발전으로 이어질 수는 없는 것일까?

이를 위하여, 각급 공모전을 단계화하고 역할을 분담하는 방안을 제안한다. 예전처럼 시·군 공모전을 1차 예선대회의 성격으로 운영하는 것이다. 시·군의 입상자가 도 단위 공모전에 나가고 도 공모전 입상자끼리 전국 공모전에서 겨루는 방식이다. 다만 예상되는 몇 가지 문제점은 사전에 보완해야 한다.

첫째, 각 시·군의 수상자 중에서 상위 공모전 진출자를 선정하되 인원수는 각 시·군의 인구비례에 맞춰 조정해야 한다. 서천군은 5만 명이 안 되고 천안시는 60만 명이 넘는데 같은 수의 출전자를 배정한다면 역차별이 된다.

둘째, 시·군과 도 공모전의 심사기준을 통일시켜야 한다. 현재는 각 지역마다 특성이 있다. 단계적 승급 시스템에서는 전체를 아우르는 단일한 심사기준이 적용되어야한다. 그래야만 심사기준으로 인한 참여자의 불이익을 방지할 수 있다.

셋째, 단일 심사기준의 단점을 보완하기 위해 본상 이외에 다양한 특별상을 두는 방안도 검토할 만하다. 대부분 각종 대회의 심사 점수는 부분별 배점을 합산하는 방식을 취하고 있다. 이러한 방식은 모든 면에서 고르게 잘하는 사람에게 유리하다. 예컨대, 전통성이나 상품성, 작품성 등은 떨어지지만 참신한 아이디어만큼은 크게 돋보이는 작품이 있다면 종합적인 심사기준에서는 빛을 보기 어렵다. 따라서 각 부분별 최고 점수자에게 특별상을 줄 수 있다면 인재를 발굴하고 종합점수제의 단점을 다소나마 메우는 방안이 될 것이다.

사회가 복잡해지고 경쟁이 심해질수록 개인은 뚜렷한 진로를 찾기가 어려워진다. 누구나 성공하고 싶어 하지만 성공으로 가는 길을 아는 사람은 드물다. 이럴 때, 잘 짜여진 시스템은 구성원에게 진로를 안내하는 역할도 겸할 수 있다. 만약 그대가 신진 공예가에게 이렇게 지도해줄 수 있다면 어떻겠는가? "공예가로 성공하려면 대한민국 전통공예전에서 입상하는 것도 좋은 길이다. 그러려면 먼저 도 공모전에 입상해야 하고 이를 위해서는 시·군 공모전부터 준비해야 한다."라고.

바라건데 우리가 할 수 있는 것부터 하나씩, 무한경쟁시스템을 분할하고 역할분담시켜서 단계적인 성장시스템으로 업그레이드할 수 있기를! 그래서 우리 사회의 빛을 더하고 어둠을 거둬내기를! 다이나믹 코리아를 시스테믹 코리아로도 부를 수 있기를! 새 시대를 이끌어갈 각 분야의 지도자들에게 기대해 본다.

서천문학관을 꿈꾸며

> 일반 시조에 장단을 붙인 이는
> 장안에서 온 이세춘이 아니런가
> – 석북 신광수 「관서악부」
> 一般時調排長短 來自長安李世春

　서천은 역사적으로 많은 문인을 배출해 왔지만 이를 선양하며 외부에 홍보하여 관광자원화하는 방안은 아직 미흡한 형편이다. 이에 따라 최근 나태주, 신석초 등 명성 높은 예술인들의 이름을 앞세워 문학관을 건립하자는 문화예술계의 요구가 계속되고 있다. 서천문학관은 서천의 위상을 제고하며 지역주민에게 문화공간을 제공할뿐더러 관광자원으로서의 활용가치도 충분하다.
　서천에는 누구나 알만한 대문장가들이 즐비하다. 가정 이곡의 죽부인전竹夫人傳과 차마설借馬說이 고교 교과서에 실렸고 그의 아들 목은 이색은 포은 정몽주와 더불어 고려 삼은三隱 중에 하나로 추앙받고 있다. 석북 신광수는 시조라는 명칭을 처음으로 세상에 드러낸 시조의 대가이다. 그의 「관산융마」는 시조창으로 널리 불렸으며 서도소리를 통해 지금까지 전해지고 있다. 그의 묘역에는 시조명칭전래비가 건립되어 있다. 그를 포함한 신씨 가문의 숭문8문장가의 이름이 드높았다. 특히, 조선시대 3대 여류시인 중 김임벽당과 신부용당의 2인이 서천에 살았다는 점은 활용의 여지가 크다.

현대에 이르면 신석초 시인의 명성이 두드러진다. 1999년에 그의 시비가 한산모시관 위쪽에 세워졌는데 이는 현재 한국문인협회 서천지회의 전신인 서림문학회가 '신석초 시비 건립을 위한 모금운동'을 주도하여 건립했다. 시비에는 그의 대표작인 '꽃잎 절구'가 새겨져 있다. 2016년에는 서천문화원 주관으로 신석초문학상이 제정되어 매년 시상되고 있으며 2017년부터 신석초문학제로 확대 운영되고 있다.

그 외에도 구인환 소설가, 농민문학가로 알려진 박경수 소설가, 한국 연극계의 태두로 일컬어지는 오태석 극작가와 '장마루촌 이발사'로 유명한 박서림 극작가로부터 지금도 베스트셀러를 양산하고 있는 나태주 시인과 현재 한국문인협회 부이사장을 맡고 있는 구재기 시인 등이 대표적이다. 이외에도 최정심 등의 아동문학가와 신동한, 윤성희, 신범순 등의 평론가, 신응순 시조 시인을 비롯해서 이향아, 조기조, 나호열 등 기라성같은 문인이 있다. 구슬이 서 말이어도 꿰어야 보물이다. 서천 문학의 볼거리는 차고 넘치는데 아직 흩어져 있어 안타깝다.

특히, 나태주 시인은 현재 대한민국에서 가장 유명한 시인으로 꼽힌다. 출판되는 시집마다 베스트셀러를 기록하고 있으며 그의 강연은 1년치 예약이 가득 차 있을 정도로 명성이 높다. 서천에는 그의 생가부터 다니던 초등학교, 작품의 배경이 되는 여러 장소 등이 보존되어 있다. 서천문학관과 이들 장소를 연계하는 프로그램을 만든다면 문학애

호가의 탐방목록에서 빠지지 않게 될 것이다. 서천의 문학자산이 얼마나 드높고 풍성한 것인지 정작 서천사람들은 잘 모르고 있다. 가까운 예로 보령, 부여, 군산 등 인근지역과 비교해보면 그것이 왜 대단한 것인지, 왜 그들이 서천을 부러워하는지 알게 될 것이다. 서천문학관이 건립되면 서천의 모든 문인을 한 눈에 볼 수 있고 그들의 흥미진진한 스토리와 작품을 한 곳에서 감상할 수 있게 된다.

문학은 다양한 이야기를 풍성하게 갖고 있어서 스토리텔링에 적합하다. 그래서 전국적으로 문학관이 관광코스의 하나가 되고 있으며 꾸준히 증가하고 있다. 2017년 106곳이었으며 현재는 130여 곳으로 추산되고 있다.

국내 최초의 문학관은 1981년 서울 성북동에 들어선 만해기념관이다. 김유정문학촌, 박경리문학관 등 특정 작가의 문학세계를 조명한 문학관이 있는가 하면 추리문학관, 한국수필문학관 등 장르별 문학관도 있다. 최근에는 지자체들이 지역 이미지 제고와 지역 주민에 대한 문화공간 제공 등을 명분으로 문학관 설립에 나서면서 대전문학관, 전주문학관 등 지역 단위의 문학관도 늘어나고 있다.

특히 관광객을 끌기 위한 관광 인프라의 하나로 문학관이 주목받게 됨에 따라 명성있는 작가의 경우에는 지자체 간의 경쟁이 치열하다 보니 잡음도 발생하고 있다. 심지어는 동일인의 문학관이 여러 지역에 중복 건립되는 사례도 있다. 예를 들어, 조정래는 3곳(김제, 보성, 고흥), 박범신은 5곳에 문학관이 있다. 유치환도 2곳(통영, 거제)이 운영 중이다. 무분별한 문학관의 난립으로 인해 지자체 간의 불필요한 경쟁이 야기되는 것은 지양해야 한다. 예들 들어 공주에 이미 나태주풀꽃문학관이 있으므로 이제 와서 서천에 나태주문학관을 만드는 것은 바람직하지 않다.

  문학관을 건립한다면 문학관의 기능인 전시, 교육, 자료 수집, 연구 중 어느 것을 우선해야 할지 결정해야 한다. 이 결정에 따라 문학관의 규모, 직원의 수가 달라진다. 특히 법적인 공립문학관의 요건을 갖추고 지원을 받으려면 100점 이상의 원본 자료와 연구실 및 관장과 학예사 등이 필요한데, 이러한 시설 구축과 관리운영을 서천군이 감당할 수 있을 지는 의문이다. 따라서 처음에는 작은 문학관으로 출발하고 여건이 되면 차차 기준에 맞춰가는 방안이 현실적이다.

  전시물의 확보는 무엇보다 가장 중요하다. 이는 자료와 전시의 방향을 결정짓게 한다. 부실한 자료는 부실한 운영을 초래한다. 이는 관람객에게 외면 받는 지름길이 된다. 이를 피하려면 무엇을 담고 빼며 어떻게 보여줄 것인가에 대한 충분한 숙의가 사전에 이루어져야 하며 자료 확보에 최선을 다해야 한다.

  자료 수집의 최선의 방안은 유족 등 소장자로부터 원본 자료를 기증받는 것이다. 이는 단기간에 이루어지기 어려우므로 이를 위한 조직을 만들고 소장자와의 꾸준한 소통을 통해 협조를 받아야 한다. 특히, 소장 자료에 대한 대략의 윤곽이 잡혀있어야만 건축 설계가 논의될 때에 건물 안에 무엇을 채울지 미리 계획할 수 있으며, 그래야만 시행착오를 줄일 수 있다.

  우리의 정치현실상 이념에 따라 작가에 대한 평가가 엇갈리기도 하는데, 공립으로 지어질 서천문학관은 이념적인 편향이나 개인적인 취사선택이 없도록 중심을 잘 잡아야 한다. 이처럼 기존 문학관의 드러나는 문제점을 파악하는 한편, 잘 운영되고 있는 문학관을 연구하여 모델로 삼으려는 자세가 건립 이전부터 반드시 전제되어야 한다. 그래야만 건립 후에도 불필요한 논란 없이 원활한 운영이 가능해질 것이다.

또한, 서천에 관한 문학작품과 미술작품의 목록을 수집하고 원문 또는 원작을 온라인 자료로 구축하여 자유롭게 검색할 수 있는 온라인 아카이브 시스템을 만들어 병행한다면 서천예술문화의 축적과 발전에 큰 전기가 될 수 있다.

서천군의 재정이 열악해서 빠른 시일 내에 이를 건립하기가 쉽지 않다면 단계적인 접근법을 적극 검토할 필요가 있다. 제주도의 사례와 같이 〈문학관〉 이전에 〈문학의 집〉을 운영하는 방안도 활용할 만하다. 이러한 운영을 통해 경험과 자료를 쌓아가면서 여건이 갖추어질 때 증축하거나 별도로 건립하는 것이 다소 느리지만 실현가능한 대안이 될 수 있다.

서천문학관은 자연환경에 국한되어 있는 서천 관광자원의 협소함을 보완할 수 있다. 공연 분야에 치우쳐 있는 서천의 예술문화를 전시분야와 함께 균형 있게 발전시켜줄 것이다. 아직 문학관이 없다는 것이 오히려 유리한 점이 될 수도 있다. 후발주자의 이점을 살려 문화예술 관련시설을 함께 지어서 공간의 집중화를 기할 수 있기 때문이다. 문화시설은 합쳐질수록 활용도가 높아지며 관리비용은 낮아진다. 공연장 등 예술관련 시설과 같은 공간에 자리 잡는다면 이용률도 상대적으로 높아질 수 있다.

　서천의 장점을 높게 생각하고 목표를 멀리 본다면, 〈서천문학관〉과 〈서천미술관〉을 비롯해서 〈서천박물관〉, 〈중고제판소리기념관〉까지 한 곳에 집중시키는 정책도 매우 바람직하다. 특히, 서천은 중고제의 명창 5인 중 국창 이동백과 김창룡 명창을 배출한 곳이지만 이들에 대한 선양과 중고제 연구 등의 사업은 아직도 탐색 단계에 머물고 있다. 이에 비하여 홍성, 서선, 대전 등지에서는 수년 전부터 연구회 등이 조직되어 활동 중이며 특히, 공주는 이동백이 잠시 거주했던 옥룡동에 '이동백 소리길'을 2021년에 개설할 정도로 적극적이다.

　장기적인 관점에서 바라본다면 관련 시설을 집중시키는 문화예술단지 또는 예술공원의 조성이 서천 발전의 새로운 동력이 될 수 있을 것이다. 이를 위해서는 미리 부지를 확보하고 여건에 맞춰 하나씩 건립하는 장기적 계획의 수립이 필요하다. 만약 이러한 장기계획이 어렵다면, 문학관 등의 부지라도 우선 마련할 수 있기를 바란다. 서천의 이름을 앞세운 문학관과 미술관 등의 새로운 문화시설이 관광 인프라 조성과 서천예술 발전의 마중물이 되기를 간절히 소망한다.

4부

검소하나 누추하지 않고

실용주의와 제3의 길

> 낡은 좌파는 중앙 집권적 계획 경제를 옹호하고,
> 낡은 우파는 자유 시장의 교리에 갇혀 있다.
> 제3의 길은 이 둘 모두를 넘어서야 한다.
> – 앤서니 기든스

새 정부의 국정기조인 '실용주의'가 세간의 주목을 받고 있다. 실용주의는 명분보다는 실익을 중시하는 정책을 의미한다고 볼 수 있다. 최근의 경제난과 국제적 갈등으로 인한 위기 상황을 극복하기 위해 채택된 것으로 보인다. '실용주의'가 개인의 리더십에 의한 일시적인 것인지 아니면 진보 진영의 이념이 중도로 확장된 것인지에 대한 논의는 아직 진행 중이다. 그동안 이념과 선명한 정체성을 중시했던 진보 정권의 이미지를 생각해보면, 말 그대로 상당한 진보가 아닐 수 없다. 고정관념에 찌든 사람들에게는 신선한 충격이기도 하다.

진보 정권은 일반적으로 보수정권에 비하여 경제에서 성장보다는 분배를, 기업보다는 노동자를, 친미보다는 다자 외교를, 북한과의 대립보다는 대화를 중시해왔다. 그런데 새 정부는 그런 이념적 기준에서 벗어나려 한다. 이러한 정체성의 변화가 진보진영 내부로부터 아무 저항 없이 받아들여지고 있다는 점이 특이하다. 그 이유를 살피자면 우선 국가 위기로 인한 국익 우선의 명분이 가장 크게 와 닿는다. 이를 가능하게 한 것은 그동안 3차례의 정권교체 경험을 통해 진보진영이 성장해왔고 이제는 유연한 사고가 밑받침된 것으로 보인다.

새 정부의 '실용주의'는 서구의 '제3의 길(Third Way)'[1]을 연상시킨다. '제3의 길'은 자본주의와 사회주의의 한계를 극복하려는 새로운 이념 모델이다. 실제로 좌파 정당들이 시대 변화에 발맞춰 집권력을 확보하기 위한 전략으로 채택되기도 했다. 영국 토니 블레어 총리의 '신좌파노선'과 독일 슈뢰더 총리의 '새로운 중도', 프랑스 죠스팽 총리의 '현실적 사회주의'의 바탕이 되었다. 유럽 중도좌파의 정치 이념으로 떠오르며 한 때 세계적인 열풍을 일으켰다. 미국의 빌 클린턴 대통령도 '새로운 민주당'을 표방하며 '제3의 길'과 유사한 중도 실용주의 노선을 걸었다.

현재 프랑스 대통령인 에마뉘엘 마크롱[2]의 정치 노선도 매우 개혁적이다. 39살에 대통령에 당선된 그는 극심한 좌우대립에서 벗어나 실

---

1) 영국의 사회학자 앤서니 기든스(Anthony Giddens)가 주장한 정치철학
2) 에마뉘엘 마크롱(Emmanuel Macron)은 현재 프랑스의 대통령으로, 2017년 당선되어 2022년 재선에 성공하여 2027년까지 임기를 남기고 있다. 프랑스 역사상 최연소 대통령이며, 자크 시라크 이후 처음으로 재선에 성공한 대통령이다. 24세 연상인 그의 부인 브리지트 트로뉴와의 인연도 유명한 이야기이다.

용적인 중도좌파를 지향하는 것으로 유명하다. 경제적으로는 친기업적인 우파이며 정치사회적으로는 불평등 해소를 우선하는 좌파다. 첫 내각 인선을 통해, 기업인을 경제부서 장관에 임명했다. 기업인 출신을 중소벤처기업부장관으로 앉힌 새 정부의 색깔과 유사하다. '실용주의'의 한국과 '제3의 길'의 프랑스가 앞으로 어떤 행보를 보일지 비교하며 주목해 볼만하다.

그러나 새 정부가 걸어가려는 실용주의의 앞길은 순탄치 않다. 실용주의란 하나의 원칙이 아니라 상대나 대상에 따라 다른 기준을 적용한다는 것인데 그것들이 서로 모순될 수 있기 때문이다. 참고로 '제3의 길'도 아직은 미완성의 이론이다. 30여 년에 걸친 유럽 주요국의 야심 찬 추진에도 불구하고 기대만큼의 성과를 내지 못하고 있다. 좌와 우의 조화는 양쪽 다 미흡한 결과를 초래하기 쉽다. 정책은 수정을 거듭하다가 균형을 잃기를 반복했다. 당연히 반발이 따른다. 이도저도 아닌 잡탕이라는 비판을 면치 못하는 신세다.

그러나 노자는 '대도大道는 좌우를 가리지 않는다' 했다.[3] 작은 길이 좌와 우로 뻗어도 큰길은 그 모두를 통섭한다. 헤겔의 변증법에 비춰 보자면 자본주의와 사회주의는 이미 정正과 반反의 역할을 충분히 했다고 볼 수 있다. 숱한 수정과 변질로 누더기가 되었다면 '제3의 길'의 등장은 역사의 순리일 수 있다.

마크롱이 젊은 나이임에도 재집권에 성공한 것은 그런 의미에서 가

---

3) 노자 도덕경 34장은 '대도범혜 기가좌우大道氾兮 其可左右'로 시작된다. 큰 도는 넘쳐 흐르므로 좌우를 가리지 않는다' 정도로 해석할 수 있다.

치가 있다. 여러 차례의 실패에도 불구하고 유럽이 '제3의 길'을 포기하지 않았음을 보여주었다고 나는 생각한다. 그동안의 시행착오를 겪은 유럽이라면 성과가 나올 때도 되지 않았을까? 야심찬 젊은 정치인들의 도전이 계속되는 까닭이다.

정치적 실용주의는 나라마다 특색이 있다. 등소평은 검은 고양이든 흰 고양이든 쥐만 잡으면 된다는 흑묘백묘론으로 중국식 사회주의를 건설했다.[4] 좌파와 우파의 발상지인 유럽에서는 그 뿌리가 깊어 저항이 크지만 자본주의 단계 없이 공산주의 혁명을 겪은 중국에서는 이에 대한 거부감이 없었다. 우리나라는 유교적 전통으로 명분에 집착하는 성향이 깊고 6.25를 겪어 이데올로기에 대한 거부감과 증오심이 크다. 중도세력이 자리 잡기 어려운 토양이다.

우리나라의 진보와 보수는 그 명칭부터가 적절하지 않다. 극히 일부의 꼴통보수와 빨갱이 진보를 제외하면 유럽의 좌파, 우파와는 근본이 다르다. 그들은 이데올로기를 앞세우지만 우리는 지역감정에 기반하고 있다고 보는 것이 타당할 것이다. 일부 학자와 언론이 분배냐, 성장이냐 하며 따지는 것도 사실상 근본적인 차이를 논하는 것은 아니다. 다만 편의상 정치권을 가르는 명칭이 되었고 일부 정치인들이 선

---

4) '부관흑묘백묘不管黑猫白猫, 착도로서포도노서捉到老鼠 취시호묘就是好猫'의 줄임말이다. 자본주의든 공산주의든 상관없이 인민을 잘 살게 하면 그것이 제일이라는 뜻이다. 흑묘백묘론은 1980년대 중국식 시장경제를 대표하는 용어이다. 부유해질 수 있는 사람부터 먼저 부유해지라는 선부론先富論과 함께 등소평의 경제정책을 가장 잘 대변한다. 경제정책은 흑묘백묘식으로 추진하고, 정치는 기존의 공산주의 체제를 유지하는 정경분리의 정책을 통해 중국은 비약적인 경제발전을 거듭했고 세계에서 유례가 없는 중국식 사회주의를 탄생시켰다. 이재명 대통령도 대선 후보일 때 선거유세에서 이를 여러 차례 인용했다.

명성에 대한 부담으로 각을 세울 뿐이다. 굳이 비유하자면 조선시대 당파 싸움에 가깝다. 최근의 정치적 혼란을 거치며 보수가 극우로 우향우하는 동안에 진보는 스팩트럼을 넓히며 중도층을 흡수하고 있어서 어쩌면 지역분할 구도가 변할 수도 있다는 기대를 갖게 한다.

새 정부가 지향하는 '실용주의'는 서구의 '제3의 길'과는 태생과 환경이 다르지만 본질은 유사하다. 그러므로 이재명과 마크롱은 이상과 현실의 벽에 계속 부딪칠 것이다. 어쩌면 서부의 무법자처럼 우방국을 위협해대는 트럼프의 일방적 관세 정책 정도는 앞으로 실용주의 국가가 극복해야할 난제들에 비하면 애교 수준일지도 모른다. 그래도 부디 기 죽거나 옆길로 새지 않기를 바란다.

바라건대 '실용주의'가 '제3의 길'과 '흑묘백묘론'에 상응하는 우리에게 안성맞춤인 정책 방향이 되고, 우리 사회의 고질적인 분열과 대립의 도그마를 깨뜨리는 정치이념이 되었으면 좋겠다. 조선 후기 실학파가 꿈꾸었던 실사구시實事求是 정신을 이어받아 우리나라의 위대한 부활로 거듭 날 수 있게 되기를 소망한다.

지식에서 지혜로

> 성당의 종소리 끝없이 울려 퍼진다
> 저 소리 뒤편에는 무수한 기도문이 박혀 있을 것이다
> 뒤편이 없다면 생의 곡선도 없을 것이다
> — 천양희

엘빈 토플러는 권력에는 3가지 요소가 있다고 지적했다. 물리력(완력), 금전(경제력), 지식이 권력의 삼위일체라는 것이다. 그 중 어느 하나만으로도 권력이 생겨날 수 있지만, 세 가지를 모두 갖출 때 강력하고 완벽한 권력이 창출된다고 한다.

3가지 권력요소들은 질적인 면에서 차이가 있다. 물리적 힘이 가장 저급한 것인데, 이는 위협이나 응징의 수단으로만 사용될 수 있기 때문이다. 돈은 그 밖에도 가치를 배분하고 등급을 매겨 처리할 수 있으므로 중급의 권력이라 한다.

지식은 고급의 권력으로서, 다른 두 가지의 효용 외에도 적절한 경로와 투입될 요소를 선택할 수 있게 함으로써, 전체적인 권력의 비용을 절감시켜 줄 수 있을 것이다. 그러나 지식과 다른 요소들의 근본적

인 차이점은 절대로 소진 되지 않는다는 점이다. 물리적 힘이나 돈은 쓰는 만큼 축나지만 지식은 결코 닳아 없어지지 않는다.

어릴 적 아버님이 들려주셨던 이야기가 생각난다. 일제강점기 때, 일본인들에게 수탈당하며 고단한 삶을 살아야 했던 할아버지는 아버지에게 이렇게 가르치셨다고 한다. "열심히 공부해라. 돈과 명예는 빼앗길 수 있지만 머릿속에 든 것은 결코 빼앗아가지 못한다."

우리 민족의 뛰어난 교육열은 반복되는 수탈의 역사 속에서 간절한 생명력을 얻고 가족을 지키기 위한 유력한 방편으로 채택되어 민중의 의식에 뿌리내린 것으로 보인다. 조선 후기의 세도정치와 '삼정三政의 문란'으로 나라의 재정관리체제는 관리들의 뱃속 채우는 제도로 변질되었다. 민중의 고난이 극에 달하여 수많은 유랑민과 도적이 들끓게 되었다. 일제강점기에는 말할 것도 없이 식민통치를 받았으므로 고통은 더욱 커져서 급기야 만주로, 하와이로 이주하기도 하였다. 그러한 어려움을 겪으며 우리 선조들은 결국 믿을 것은 머리와 몸뿐이라는 것을 깨달았으리라.

그러므로 내 몸으로 열심히 일해서 내 자식들의 머리를 채워주려고 모든 희생을 감수하며 우리를 기르시고 유학을 보내셨다. 그 전통은 지금도 면면히 이어져서, 한국의 부모라면 거의 모두가 자녀의 교육을 제1의 목표로 삼으며 살아가고 있다. 그 덕으로 우리나라의 성인들은 세계적으로 높은 지식수준을 자랑한다. 문맹률 같은 것은 우리나라에서는 의미 없는 수치가 되었고 그보다는 대학교육률이나 도서출판량 등을 기준으로 삼는다.

그러나 그렇게 높은 학력 수준과는 달리 전체적인 민도民度 또는 의식수준은 아직도 부끄러울 때가 많다. 주변의 눈이 조금만 약해지면 공중도덕이라든가, 사회의 기초질서 등이 쉽사리 무너지곤 한다. 이를 지탱해 줄 전통적인 예절도 서구식 개인주의 밀려나고 있다. 이를 대체할 바람직한 새로운 사회적 규범이 아직 제대로 형성되어 있지 않다. 우리의 정치수준이 후진적이라 하는 것도 결국은 민도의 낮음에 기인하는 것이다.

고무적인 사실은, K-POP을 필두로 한 대중문화 측면에서 세계적인 성과를 쌓아가고 있다는 점이다. K-뷰티, K-푸드 등이 전 세계적으로 각광받고 있다. 최근에는 영화와 드라마, 최근에는 뮤지컬까지 다양한 장르로 세력을 넓혀가고 있다. 다만, 대중문화의 성과에 비해 좀 더 고급문화 측면으로는 한강 작가의 노벨상 수상을 제외하고는 아직까지는 미미하다. 예를 들면 K-푸드가 인기라 하지만 일식이 서구에서도 고급음식으로 취급되고 있는 반면에 한식은 저렴하고 건강한 음식 정도로 평가되고 있다. 우리의 것을 좀 더 갈고 닦아서 빛나게 할 필요가 있다.

소크라테스는 가르치기보다 깨닫게 하는 데 힘썼다. 그의 이른바 '산파술'은 단순히 지식을 주입하는 것이 아니라, 대화를 통해 상대방 스스로 진리를 깨닫고 형성하도록 유도하는 방식이다. 반면에 우리의 공교육은 첫째, 지식을 전수하고 둘째, 지식의 전체적 양을 측정하며 셋째, 정확성을 검증하는 것에 치우쳐있다. 그래서 많이 알지만 올바른 판단과 행동에는 서투른, 지성인이 아닌 헛똑똑이들이 양산되고 있다.

지식은 교양과 실천으로 이어져야 한다. 실천되지 않는 지식은 지혜를 수반하지 않기 때문이다. 많이 알지만 판단할 지혜가 없으면 몸만 큰 애송이에 불과해진다. 그러므로 지식을 단지 암기하고 시험문제를 푸는 것에 인생을 걸고 지금처럼 대단한 의미를 두는 것은 매우 위험한 제도이다. 이제는 교육의 양보다 질적인 측면에 보다 큰 가치를 두어야 한다. 이를 위해서는 지식과 지혜를 겸하게 해야 한다.

그러한 역할은 학교와 가정에서 모두 담당해야 한다. 교육제도가 아무리 개선된다 하더라도 교과과정과 시험제도에 근본적인 개혁이 없는 한, 현재의 한계를 벗어나기 어렵다. 현재의 사지선다 시험형식과 전 과목 총점으로 학력을 평가하는 시스템은 이과에 주로 적용하고 문과에는 분석력과 창의력을 중시하는 큰 틀에서의 특성화교육으로 전환하는 것도 하나의 대안이 될 수 있을 것이다. 공교육의 그 빈 곳을 가정과 사회에서 채워주지 못한다면 우리의 교육은 반쪽짜리에서 벗어나기 어려워 보인다.

특히 자녀교육의 1차적 의무자는 부모라는 것을 인정하고 책임을 회피하지 말아야 한다. 사회가 잘못되어있으므로 가정에서만 잘해봐야 무슨 소용이냐고 변명하지 말자. 적어도 가정에서는 책에서 배운 지식과 교양이 통용됨을 자녀들에게 일깨워주자. 그럼으로써, 사회의 잘못된 내용이 극히 부분적이며 결국 응징 받게 된다는 것을 믿게 해주자. 그들이 아는 바를 적절히 실천할 수 있는 사람이 되도록, 지식에서 지혜로 교양과 실천으로, 믿음과 용기를 가진 사람이 되도록 우리가 나서야 하지 않을까?

진짜 부자가 되기 위한 3가지 재산

> 낮에는 집이 방을 안고 있는 것 같지만
> 밤길 걷는 사람에게는 환한 방들이
> 저마다 집을 품고 있는 것처럼 보입니다
> 때로는 불 꺼진 방 하나가 온 우주를
> 캄캄하게 만들 수도 있습니다
> – 권덕하

어떤 이가 '부자 되세요'라고 인사를 하며 간다. 부자가 되라는데 굳이 싫다할 사람은 없을 테니 괜찮은 인사말이다. 꼭 부자가 아니더라도 삶이 초라하지 않으려면 어느 정도의 재산은 필요하다. 물론 재산이 재물만을 의미하는 것은 아니다.

미국의 심리학자 알더퍼는 인간의 욕구를 생존과 인정, 성장의 3가지로 분석했다. 이런 기준도 나름 괜찮아 보인다. 그런 관점에서 내가 생각하는 진짜 부자가 되기 위한 3가지 재산이 있다. 머리와 가슴과 배를 위한 재산이 그것이다.

그 첫 번째는 배를 위한 재산이다. 생존을 위한 것이며 유감스럽지만 그것은 돈으로 압축된다. 돈이 있으면 배짱이 는다. 돈은 교환가치로

만 존재하는 것이 아니다. 소인도 부자가 되면 능력을 발휘할 수 있다고 사마천은 말했다. 돈은 궁핍으로부터의 자유뿐만 아니라 자신의 영역을 지키고 키워가며 원하는 일에 도전할 수 있는 힘을 주기도 한다. 이는 경제적 안정을 바탕으로 사회적 능력을 갖추게 됨을 의미한다.

갤브레이스가 정의한 것처럼 현대는 불확실성의 시대이므로 적어도 남에게 신세지지 않는 현재와 노후를 염려하지 않을 정도의 돈은 꼭 필요하다. 인간은 사회적 존재이기 때문에 남보다 가난해도 폐가 되고 너무 부유해도 불편을 준다. 특히 노후가 불확실한 상태에서의 삶은 늘 긴장 속에 과도해지게 마련이다.

노후보장이 확실한 유럽의 젊은이들은 일 년 모은 돈으로 여행을 떠난다고 한다. 재산으로서의 돈이란 저축을 뜻한다. 돈의 가치는 무엇을 위해 어떻게 쓰느냐에 달려있다. 저축을 하면 배가 든든해진다. 하고 싶은 일을 하고 미래를 가질 수 있다.

두 번째로 가슴을 위한 재산은 인간관계다. 알더퍼의 이론에 빗대자면 인정에 해당한다. 인간관계란 가슴을 열고 마주할 수 있는 사람들과 인연을 잇는 일이다. 학창시절에 오열근 지도교수님은 '돈이 재산이 아니라 인간관계가 재산'이라 가르치셨다. 졸업 후에야 그 의미를 이해할 수 있었다. 수많은 사람과 접하며 살아가는 현대인의 삶에서 좋은 인간관계를 만드는 것은 가장 어려운 일 중에 하나다.

더 많이 주고 작은 것에 감사하는 삶이 그래서 필요하다. 오래 겪어도 변치 않는 사람이 있다면 분명 좋은 인연이 될 수 있다. 인생이란 먼 길을 가는 것. 길게 보면 인간관계에서 주는 것이란 쌓아가는 것이 된다. 특히 친인척과 친구들은 죽는 날까지 함께 할 사람들이므로 결코 소홀할 수 없다.

세 번째로 머리를 위한 재산은 지혜를 뜻한다. 가장 중요한 재산이다. 배부른 돼지가 배고픈 소크라테스보다 낫다고 생각한다면 이 재산은 모을 필요가 없다. 그러나 자존감 있는 존재로 살아가기 원한다면 지혜로운 인간이 되어야 한다. 돼지는 돼지의 대접을 받을 뿐이다.

내 아버지는 황해도 농부의 아들로 태어나 일제의 착취 속에서 청년 시절을 보냈다. 여느 아버지들처럼 내게 공부를 독려했다. '품에 있는 돈은 잃어버릴 수 있지만 머릿속에 든 것은 아무도 빼앗지 못한다'는 게 아버지의 지론이었다.

우리나라의 교육열이 높은 이유는 평생 학생으로 살다가 죽어서도 신위神位에 학생임을 밝혔던 유구한 선비문화의 전통이 큰 영향을 미쳤을 것이다. 또한 끝없는 착취의 역사 속에서 민중의 삶에 체화된 각자도생各自圖生의 방편이 교육으로 나타난 것이 아닐까 싶기도 하다. 어느 쪽이든 삶의 절박한 탈출구였으며 뇌리에 깊이 각인되어 대대로 이어져 내려온 불변의 가치관이었다.

그러나 이제는 교육이 지혜를 보장하지 않는다. 지식은 외부에서 들어오지만 지혜는 그것이 머릿속에서 단련된 후에 생겨난다. 그래서 지식이 넘쳐도 지혜는 부족하기 쉽다. 우리 아이들이 창의력을 기르지 못하는 원인은 주입식 교육 때문만이 아니다. 사지선다형 시험제도가 머리를 수동적으로 만들었기 때문이다. 예시가 주어지지 않으면 아이들의 머리는 먹통이 되어 에러 메시지를 쏟아낸다.

그 틀을 깨는 방법은 간단하다. 진지하게 질문하게 하는 것이다. 자연에게, 책에게, 현자에게 그리고 스스로에게 묻는 일이다. 그리고 그에 대한 해답을 궁리하도록 유도한다. 그 과정에서 우리는 배우고 반성한다. 삶은 균형을 찾고 앞으로 나아간다. 폭넓은 인문학적 지식을 쌓게 될 것이며 그것들이 내면에서 반추되면서 무언가 새로운 것이 생겨날 것이다.

주인의 삶과 노예의 삶을 가르는 차이도 질문을 할 수 있느냐로 구분된다고 한다. 왜? 라는 질문을 하는 사람은 삶의 주체가 될 수 있고 니체를 읽지 않아도 철학자가 될 수 있다. 그러나 '사는 게 뭐 있어'라고 외치는 사람에게는 개똥철학 외에 정말 아무 것도 발견할 수 없다. 그는 살아 움직이지만 그의 삶은 정지된 것이다.

치매에 걸려 요양시설에서 가끔 자손의 방문을 받는, 그러나 사람을 알아보지 못하는 노인의 삶도 정지된 것이다. 근심걱정이 없다는 면에서 어쩌면 가장 행복할지도 모른다. 그러나 질문하지 않으므로 그들은 다만 생존할 뿐이다. 오래 정박한 배를 오래 항해한 배라 할 수 없듯이 오래 생존한다고 오랜 인생을 산다고 말할 수 없다. 그것은 배가 아니고, 인생이 아니기 때문이다.

돈과 인간관계는 삶을 지탱하는 두 축이다. 그러나 지혜가 없다면 무의미해진다. 인간을 인간답게, 삶을 삶답게 만드는 것은 얼마나 인식하고 의미를 부여할 수 있는가에 달려있다, 그것이 진정한 재산이다. 그러므로 우리는 질문해야 한다. 오늘의 나는 어떤 의미였는가? 세상은 어떻게 새로워지고 있는가? 우리가 그저 생존한 것이 아니라면 그 대답은 날마다 달라질 것이다.

자유롭게, 자신 있게, 자연스럽게

> 인생은 B와 D사이에 있는 C이다.
> – 장 폴 사르트르

1. 선택의 의미

우리는 끊임없는 선택의 과정을 통과하며 살아간다. 물 한잔을 마실 때도 한 번에 다 비울 것인지, 조금씩 나누어 마실 것인지 선택해야 하며, 지하철을 탈 것인지, 택시를 이용할 것인지를 판단한다. 사람을 대할 때도 어떤 말을 해야 할지, 그의 반응은 어떨지를 예상하며 대화한다.

선택의 배경에는 그 사람의 가치인식과 사고의 흐름이 자리한다. 선택이 없는 무의식적인 행동으로 비춰지는 일들도 세밀히 들여다보면 의식하지 못하는 중에 이미 선택이 이루어졌다는 것을 깨닫게 된다. 과거와 동일한 사안에 접하더라도, 습관이나 선례를 답습할 것인지 달리 행동할 것인지를 선택해야 한다.

개인에게 주어지는 자극이 동일하더라도 이에 대한 각자의 첫 반응은 저마다 다르게 나타나므로 그 결과로 빚어지는 1차적 환경도 달라진다. 달라진 환경에서의 선택은 또 다시 차별화되므로 이러한 과정을 몇 단계 거치다 보면, 최초의 동일한 자극으로부터 마지막 선택까지의 경로는 상황마다, 사람마다 천차만별이게 된다.

2. 선택의 결과

그래서 인생이란 선택의 게임이라 할 것이다. 순간의 선택이 10년을 좌우한다는 내용의 전자제품 광고가 있었는데, 인간의 수명은 가전제품보다 훨씬 길므로 순간의 선택이 여생을 좌우한다 해도 과장이 아니다.

저마다의 선택으로 자신의 인생을 만들어 간다. 운명이란 최초에는 주어지는 것이지만 그 이후에는 각자의 선택에 따라 그려지는 그림과 같다. 갈림길에서의 선택은 진로를 결정하며 그 진로는 차후에 주어질 선택의 범위를 규정한다.

선택은 행복과 후회, 만족과 아쉬움을 낳는다. 가까이 둘 것인가, 멀리 할 것인가에 따라 그로부터 얻어질 자극의 크기가 달라진다. 사랑할 것인가, 헤어질 것인가 하는 것도 그 결과는 천양지차가 된다.

그 선택의 결과로 지금의 내 모습이 형성되어 있다. 나의 사고방식과 생김새, 생활환경과 습관 등이 특징지어져 있다. 외적으로는 가정과 직업, 인간관계, 나에 대한 남들의 평가 등이 남아있다.

그렇게 선택하며 살아온 나날들을 돌이켜 보면 만족보다는 회한이 크게 느껴진다. 다시 기회가 주어진다면 좀 더 나은 선택을 할 수 있었으리라는 아쉬움이 짙게 배어든다. 하지만 어쩌랴? 이미 지난 일인 것을! 하는 수 없이, 앞으로나마 잘 해보리라고 다짐해 본다.

3. 첫째 자 - 자유(自由)롭게

　보다 나은 선택이 가능하려면 우선 선택할 수 있는 범위가 넓어져야 한다. 천원밖에 없는 사람은 기껏해야 라면밖에 먹을 수 없지만 만원을 가진 사람은 고기도 사먹을 수 있다. 선택할 수 있는 많은 대안을 마련하기 위해서는 자신의 능력을 향상시키고 주변 환경을 개선시켜야 한다. 자신이 선택한 분야에서 실력을 쌓아 나가면 전에는 불가능했던 일이 가능해지게 된다.

　이러한 변화는 자신을 자유롭게 만든다. 한계를 극복하고 보다 넓은 세계로 나아가 뜻대로, 제약 없이 날개를 펼칠 수 있는 자유가 주어진다. 새로운 수준에서의 자유로운 선택이 성공과 실패를 거두는 과정에서, 성공의 경험을 쌓아가면 이러한 경험으로부터 자신감이 생겨난다.

4. 둘째 자 - 자신(自信)있게

　자신감이란 자신에 대한 믿음이며 그 믿음은 그간의 경험적 확신에 근거한 것이어야 한다. 자신감은 나에게는 힘을, 상대방에게는 신뢰를 준다. 자신감은 선택의 결과를 긍정적으로 만드는데 결정적으로 작용할 수 있다. 이러한 상호간의 믿음은 외부환경의 변화로 인한 부정적 영향을 줄여주게 될 뿐만 아니라, 결과에 대한 만족감을 최대치로 확장시켜 준다.

　반면에, 자신의 선택에 확신을 갖지 못할 경우, 그 후에 이어지는 변화에 대한 올바른 대처가 어려워진다. 자신을 의심하는 것은 선택의 범위를 축소시키며 방해함으로써 그 결과를 예측하기 어렵게 된다. 막연한 자신감만으로는 성공이 보장되지 않는다.

5. 셋째 자 - 자연自然스럽게

그러므로 선택은 자연스레 절제되어야 한다. 최대치의 대안이라 하더라도 내 힘에 부치는 것이라면 그 결과는 최소치가 될 수 있다. 그러나 적절한 수준의 선택은 자신의 능력을 마음껏 발휘할 수 있는 여건이 조성되므로 최대의 결과를 가져올 수 있다. 한 번에 큰 성공을 거두려 하기 보다는 여러 단계의 성공 경험을 이어가는 것이 필요하다.

그리하면 보다 넓어진 자유로움 속에서 자신의 능력에 어울리는 대안을 무리 없이 골라낼 수 있고 상대방의 입장과 주변여건도 충분히 살펴볼 수 있게 된다. 물이 흐르듯이 작은 선택을 이어가는 것이 바로 자연스러운 선택이라 할 만하다.

자연스러움은 서로를 편안하게 만들어 주며 선택의 주체조차 나인지, 너인지, 아니면 합의였었는지 모를 정도로 그 선택을 공유하게 만든다. 당연히, 자연스런 선택은 결과에 대한 책임도 나눠 갖는다. 그러므로 성공은 있으되 실패는 거의 기록되지 않게 될 것이다.

6. 三自스러운 선택과 삶

선택은 곧 삶의 단면이니, 자유롭게, 자신있게, 자연스럽게 살아가자. 나는 이를 三自의 삶이라 부르고 싶다. 비록 가진 것 없고 아는 것 없고, 그래서 내세울 것도 없지만 三自롭게 살아가고 싶다.

작은 경험을 소중하게 받아들이면서 하나씩 배우면 된다. 주변을 넓게 보면서 무리하지 않고 서 그로부터 보다 나은 선택을 해보자. 여유를 가지고 삶을 바라보며 스스로를 가다듬어 三自의 삶이 가능해지도록 노력해 보자.

    내 안에 있는 나는 자유롭게
    내 밖에 있는 나는 자신 있게
    잘 반죽한 뒤에는 자연스럽게

착한 아이라는 이름의 덫

> 부자는 자산과 게임의 규칙을 만든다.
> 중산층과 빈곤층은 부자를 위해 일하며
> 그들의 규칙에 따라 게임을 한다.
> - R. 기요사키, 『부자 아빠 가난한 아빠』

대부분의 부모는 입버릇처럼 아이가 착하기를 바란다. 아이들은 착하고 말 잘 듣는 것은 좋은 것이며 그렇지 않은 것은 나쁜 것이라고 배우며 성장한다. 착한 것과 말 잘 듣는 것은 동의어로 취급된다. 선악에 대한 이러한 가치관은 아이들의 심성에 내면화되고 윤리적 판단의 근간이 된다.

부모는 왜 착한 아이를 좋아할까? 공부 열심히 하고 말 잘 듣는 모범생이 사회생활을 잘 하고 성공할 가능성이 높을 것이라고 막연하게 기대하기 때문이다. 과연 그럴까? 과거에는 그랬는지 몰라도 현대 사회는 그렇지 않은 경우가 많다.

유교적 가치관이 강했던 동양 사회에서는 효과 충을 최고의 미덕으로 삼았다. 이를 위해 순종, 겸손, 예의 바름이 강조되었다. 공자는 제자가 효에 대해 묻자 "어긋남이 없어야 한다無違"라고 가르쳤다. 권위에 복종하고, 자신의 의견을 내세우기보다는 순응하는 것이 미덕으로 간주되었다. 사회질서는 장유유서의 가치관이 지배했고 아이들을 '착하고 온순하게' 키우는 양육 방식으로 이어졌다.

그러나 시대가 달라졌다. 학창시절 부모의 자랑이었던 모범생이 사회에 나와서는 제대로 빛을 보지 못하는 사례가 흔히 발견된다. 정도의 차이는 있지만 대부분 평범한 월급쟁이의 삶이 그들을 기다린다. 그들이 게을러서가 아니다. 사회생활도 일도 학창시절처럼 열심히 하는 데도 그럴 수 있다. 그렇다면 그 이유는 무엇일까?

착하고 말 잘 듣는다는 것은 권위자의 관점에서 평가된다. 착한 아이가 되려면 자신의 말과 행동을 타인의 시선에 맞춰야 한다. 어릴 때부터 제한적이고 권위주의적인 양육 방식에 길들여진 아이들은 갈등을 피하고 자신의 감정을 억누르는 것에 익숙해진다. 자신의 생각을 정리하고 주장하기보다는 타인의 의견을 중시하고 그에 일치하려 애쓴다. 그러면서 자기 판단을 숨기거나 유보하는 데 익숙해진다. 그러므로 말 잘 듣는 아이가 착한 아이라고 가르치는 교육은, 이제는 아이의 팔 다리를 자르는 형벌에 다름 아니다.

'착한 아이 콤플렉스'라 불리는 수동적이며 자기 억압적인 특성은 어른이 되어서도 쉽게 바뀌지 않는다. 그들은 여전히 자신의 생각을 숨기고 타인의 눈치를 살피며 갈등을 최소화하려 한다. 많이 양보하고 과도하게 사과한다. 독자적인 행동보다는 정해져있는 틀에 따르는 것을 선호한다. 겉으로는 잘 웃고 사교적이지만 내면으로는 표현되지 못한 느낌과 억압된 욕구로 인해 우울감에 시달리거나 일탈을 꿈꾼다. 스스로 결정하기 보다는 타인의 결정을 기다리려 한다. 가장 곤란한 점은 거절을 잘 못한다는 점이다. 이로 인해 자신의 한계를 넘어서는 일도 수락하는 경우가 있다. 이는 비극의 씨앗이 되곤 한다.

이처럼 착하다는 것은 결코 칭찬이 아니다. 그것은 아이를 나약하게 만드는 덫이다. 말 잘 듣고 순종적인 성품이 착한 것이라면 그것이 누구에게 어울리는 지를 생각해 보라. 그것은 노예의 덕목이다. 당신의 아이를 노예의 삶에 어울리게 키울 것인가?

어릴 때 학교에서 보내오는 가정통신문에 자주 등장하던 평가 요소 중에 '온순함'이 있었다. 당시에는 착하고 온순하다면 아이에 대한 최고의 칭찬이었다. 온순하다는 것은 반항하지 않는다는 뜻이다. 일본이 우리 민족을 길들이기 위해 의도적으로 순종하고 말 잘 듣는 품성을 심으려 한 것에서 유래되었다고도 한다. 슬픈 역사의 유산 중에 하나다. 착한 아이도 그 연장선상에서 크게 다르지 않다.

니체는 '주인 도덕'과 '노예 도덕'이라는 상반되는 도덕 유형을 제시하며, 이른바 '선하다'고 여겨지는 가치들이 실제로는 '약함'에서 비롯된 것이라 했다. 그의 주장이 과격한 면은 있지만 시사하는 바는 분명하다. 그가 신은 죽었다고 선언하며 신을 부정한 까닭은 신 앞에서 인간은 노예가 될 수밖에 없기 때문이다. 그의 주장대로 인간은 수동적 자세에서 벗어나 스스로 존엄해져야 한다.

나이 들면서 문득 공허함을 느끼고 자신의 의미를 되짚어보게 되는 때가 있다. 그때 우리가 느낀 것은 무엇이었나 되돌아봐야 한다. 무리 속에서 안주하며 나를 길들이지 않았던가? 타인의 시선을 의식하면서도 외로워지기를 두려워하지 않았던가? 권위에 비겁하고 나를 위해서는 무의미한 존재가 아니었던가? 그리고 고민해야 한다. 아이에게도 이런 습성을 물려줄 것인가?

착한 사람, 선한 삶의 의미를 이제는 바꾸어 보자. 그것은 스스로 홀로 설 수 있을 만큼의 강함을 지닌 것이어야 한다. 타인이 물어다 준 정답이 아니라 자기의 이성으로 판단하고 누구의 지시에 의하지 않은 스스로의 원함대로 길을 택하는 사람이어야 한다.

'착하고 온순함'이 가진 긍정적인 면모도 분명히 있다. 타인에 대한 배려, 공감 능력, 평화로움 등은 현대사회에서도 필요한 덕목이다. 그러나 이러한 특성들이 자기 주도성, 문제 해결 능력, 비판적 사고 능력과 조화롭게 발달할 수 있도록 도와줘야 한다. 그러므로 독립적이고 자립적이되 타인에게 폐를 끼치지 않고 도움이 되는 존재, 강하고 이로운 사람이 바로 착한 사람의 진정한 의미가 되어야 한다.

말 잘 듣는 순종적인 아이가 착한 아이라는 오해를 이제는 버리자. 오히려 질문을 잘하는 아이로 키우자. 내가 가장 좋아하는 사람은 매력적인 질문을 할 줄 아는 사람이다. 부모부터 질문하는 법을 배워야 한다. 현명한 질문을 할 줄 아는 아이는 그런 질문을 많이 받아본 아이일 게다.

소크라테스의 문답법은 질문을 통해 상대가 스스로 사고하고 답을 찾아가도록 돕는다. 특히 단답형의 질문보다는 그 다음을 품고 있는 질문이 필요하다. 단답형 질문은 대개 사실의 확인을 위한 것이다. 그런 질문은 노예도 할 수 있다. 그러나 인식에 관한 의문은 한 번으로 끝나지 않는다. 아이가 자신의 주변에 대해 그런 의문을 품게 하는 것이 교육의 첫 걸음이 되어야 한다. 그것이 아이가 갖고 있는 잠재능력과 창의력을 일깨우는 방법이기도 하다.

아이를 아이답게 키우자. 아이는 부모의 소유물이 아니다. 아이를 규격화시키려 하지 말고 자신의 취향대로 만들려고 헛되이 애쓰지 말자. 그보다는 아이가 갖고 있는 것을 많이 꺼낼 수 있게 도와줘야 한다. 스스로 판단하게 하고 비판적 사고력을 키우도록 가르쳐야 한다.

과거의 주입식 교육은 아이들을 획일화시켰다. 현대는 보편성에서 다양성으로, 평등보다 공정을 중시하고 있다. 이제는 아이의 발달 단계에 따라 맞는 교육을 제공하며, 성적 중심 교육을 넘어 아이의 정서와 창의성 등을 통합적으로 존중해야 한다.

그렇게 키우면 비록 흙수저로 태어났더라도 아이는 자신이 추구하는 삶을 만들어갈 수 있을 것이다. 행복할 능력을 갖게 될 것이다. 또는 그 아이가 갖고 있던 참깨씨 만한 가능성이 언젠가 황금으로 변해 부모에게 눈처럼 뿌려질지도 모른다. 그 아이 덕분에 부모가, 우리 사회가 대박을 맞을지도 모른다.

계층 사다리의 딜레마

>눈을 떠도 눈앞이 캄캄한 사람들은 알지
>허공에 손을 내민다는 것이
>얼마나 두려운 일인지
>– 나호열

　대한민국은 민주공화국이다. 과거 양반과 중인, 상인, 천민으로 나뉘던 사회적 계급은 왕정체제와 함께 사라져 평등사회가 구현되었다. 법 앞에서는 모두가 평등하다는 위대한 이상이 5천년 만에 마침내 꽃피운 것이다. 절대적 기준으로 보면 삶의 질은 분명히 나아졌고, 기아와 질병의 위협도 현저히 줄어들었다. 대한민국, 나아가 인류는 수천 년간의 굶주림이라는 사슬을 거의 끊어낸 것처럼 보인다.
　그러나 자본주의라는 거대한 엔진이 무한 경쟁을 심화시키면서, 부와 가난의 대물림이라는 검은 그림자가 뚜렷해지고 있다. 사회가 건강하려면 능력에 따라 계층 간의 이동이 원활해야 한다. 하지만 '흙수저'라는 신조어가 등장한 것처럼, 출발선부터 불리한 위치에 선 청소년들의 미래는 마치 짙은 안개 속처럼 암울하기만 하다. 부모의 자산 규모가 자녀의 경제적 성공에 미치는 영향이 커져갈수록 교육의 불평등도 깊어져간다.

또한, 취약 계층은 예기치 못한 사고에 자주 노출되며 질병에 더 취약한 면이 있다. 부의 대물림이라는 견고한 성벽이 높아지고 계층 이동의 사다리가 부러질수록, 우리 사회는 활력을 잃고 병들게 될 것이다. 따라서 이 문제는 단순히 해당 계층만의 문제가 아니라, 우리 사회 공동의 근간을 흔드는 위기로 보아야 한다.

이제까지 신분 상승을 위한 가장 확실한 대안은 교육이었다. 예전에는 두메산골 아이도 머리 좋고 열심히 공부하면 서울대, 연고대에 갈 수 있었다. 그러나 지금은 어림도 없다. 서울 강남의 유명 입시 학원과 고액 과외라는 현대판 갑옷을 두른 아이들을 당해내기란 쉽지 않다.

설령 천운으로 좋은 대학에 들어간다고 해도 간격을 메우기 어렵다. 시골 아이들이 개구리 잡으러 들판을 뛰어다니며 자연이라는 스승에게 배울 때, 부유층 아이들은 어학연수하러 비행기를 탄다. 피아노를 비롯해 악기 한두 가지는 수준급이고 운동도 한 종목 이상은 기본으로 한다. 여유롭게 자란 탓에 성격도 대체로 원만하다. 언론에 보도되는 일부 재벌 2세들의 패악을 접하며 전체가 그럴 것이라 착각해서는 안 된다. 오히려 가난한 집 아이들이 어딘가 비틀어져 있는 경우가 많다. 소심하고 부정적이거나 고집이 세서 스스로 소외되는 길을 택하기도 한다. 사실 어울리려 해도 워낙 성장 배경이 딴판이고 사고방식이 달라서 저절로 고독한 섬처럼 따로 놀게 된다. 이러한 간극은 졸업 후 직장생활에서도 이어지곤 한다.

교육을 통한 신분 상승이 어렵다면 남은 것은 돈을 벌어 자수성가하는 길뿐이다. 그러나 주식시장에서 개미군단이 속절없이 몰락하는 것처럼, 대자본이라는 거인과는 게임 자체가 성립되지 않는다. 어쩔 수 없이 뛰어들어야 하는 소규모 창업 시장에서는 '블루오션'이라는 환상을 좇는 수많은 경쟁자들이 이미 진흙탕 싸움판을 벌이고 있다.

상류층과는 출발선이 다르고, 도달할 수 있는 목적지도 한계가 명확하다. 이대로라면 아이들은 평범한 소시민이라는 굴레를 벗어나기 어려울 뿐이다. 그런 사회를 아이들은 '헬조선'이라 부르며 자조하고 있다. 과연 이 모든 책임을 '네 삶은 네가 알아서 살아라'며 아이들에게 미뤄도 좋을까? 이 질문은 단순한 개인의 책임론을 넘어선, 우리 사회 전체의 윤리적 딜레마이다.

희망은 공교육의 내실화와 재능 계발에 있다. 어린이집부터 고등학교에 이르기까지 공공 보육 및 교육의 질을 높여야 한다. 지역별 교육격차를 해소하고 방과 후 학교 및 돌봄 기능을 강화해야 한다. 흙수저로 태어난 아이들에게도 '기회 균등'이라는 이름의 날개가 제공되어야 한다. 아이들이 조금씩이라도 발전할 수 있도록 그 기회를 지속적으로 보장해주는 것이 정책의 핵심이 되어야 한다.

특히 창의력을 기르고 세상을 넓게 볼 수 있도록 가르쳐야 한다. 책을 많이 읽어 사고력을 높이며 다양한 경험을 쌓도록 도와줘야 한다. 케케묵은 공자님 말씀 같지만, 기회를 주고 힘을 길러주는 것 외에 달리 방법이 없다. 이것이 바로 사회라는 유기체가 건강하게 숨 쉬기 위한 최소한의 조건이다. 그게 아니라면 우리가 만들어놓은 저 단단한

계층의 굴레를, 남보다 뒤처져 출발해야 하는 아이들이 무슨 재주로 끊고 나아갈 수 있단 말인가? 모든 구성원이 스스로의 잠재력을 꽃피울 수 있는 공정한 토양을 제공하지 못한다면 우리가 지향하는 정의로운 사회는 결코 우리에게 오지 않을 것이다.

부패와 부도덕의 뫼비우스 띠

> 고통의 뿌리가 환히 보여
> 선악의 경계가 증발되어버린 시대
> 더 나쁜 악과 덜 나쁜 악이 경쟁하는 시대
> 합법화된 민주화 시대의 저항은 얼마나 무기력한가
> – 박노해

 부패는 부도덕한 물욕이라는 어두운 씨앗에서 싹튼다. 바늘 도둑이 소도둑 된다는 옛말처럼 처음에는 사소한 것에서 시작된다. 여러 번의 시도가 아무 문제없이 성공하면 익숙해진다. 권력자는 그 권력을 자신을 위해 휘두르고, 권력이 없는 사람은 그림자처럼 권력을 움직여 이익을 취하려 든다. 부패가 위험한 까닭은 물욕을 생존의 동인으로 여기며, 경쟁 사회라는 정글에서 살아남기 위한 비장의 기술로 간주하기 때문이다. 그들은 마치 거짓된 거울을 보듯, 생존을 위해 열심히 노력하고 있다고 자신의 부패를 정당화한다.

 부패한 사람은 이웃과 사회를 썩게 만든다. 부패는 반드시 상대가 있어야 하므로 자신 못지않게 상대방도 오염시킨다. 부패는 정당한 질서를 피해 가야만 하므로 사회 정의의 기둥뿌리부터 갉아 먹는다.

하지만, 부패는 달콤하다. 이는 목적 달성에 필요한 시간과 물질의 소비를 현저히 줄여준다. 또한, 나와 상대방을 동시에 만족시켜 준다. 불이익을 받게 될 불특정 다수는 보이지도 않고, 대개는 불평할 수 없을 뿐더러 구체화되지 않는 경우가 흔하다. 부패는 탐욕의 속삭임이며, 한 번 맛보면 헤어나올 수 없는 마약과 같다.

비밀을 전제로 할 때, 부패는 뿌리치기 어려운 유혹이 된다. 구체적 피해자가 돌출되지 않을 것이며 비밀만 보장될 수 있다면, 그 매력은 강력한 접착제처럼 사람을 끈끈하게 잡아끈다. 어느 정도의 부패나 협조는 필요악이라고 생각하는 동조자가 주변에 늘어날수록 죄책감은 얼음처럼 녹아내려 사라진다. 그래서 가벼운 부패가 가장 위험하다. 죄의식을 흐릿하게 만들고 반복됨에 따라 빙하가 녹듯이 도덕관념이 서서히 무너진다. 도덕적 나태는 결국 사회 전체의 질병으로 이어진다.

특히, 부패는 중독성이 강하다. 한번 발을 디디면 헤어나기가 거의 불가능해진다. 또한, 부패는 상호적인 것이므로, 본인이 끊으려 해도 상대방이 허락하지 않으면 중단될 수 없는 경우가 흔하다. 마치 끝없이 이어지는 뫼비우스 띠처럼, 부패의 고리는 한번 형성되면 빠져나오기 어렵다. 브레이크가 고장 난 화물차처럼 일단 출발하고 나면 어딘가에 충돌해서 부서질 때까지 결코 멈추지 못한다. 부패는 영혼을 서서히 잠식하는 어둠이며, 결국 모든 것을 집어삼키는 심연이다.

부도덕은 자만이라는 독버섯에서 싹트며 신뢰의 근간을 허무는 병폐가 된다. 부도덕을 행할 수 있는 사람은 기회에서 앞서있고 이를 활용할 힘있는 위치에 있기 때문에, 부도덕한 행위를 오히려 자신의 능력으로 간주하는 경향이 있다. 이처럼 도덕적 불감증에 걸린 사람은 자신의 목적 달성을 위해 비정상적인 수단을 마다하지 않게 되며, 오히려 이것을 대단한 특권과 능력인 것으로 자부하기도 한다.

그들은 교활하므로, 겉모습만을 보아서는 지극히 원칙적이고 합리적인 듯하지만, 돌아서서 자기들 부류끼리 모이면 이를 서슴지 않고 뒤엎는다. 그들에게 있어, 위선이란 세상을 요령 있게 살아가기 위한 가면이자 처세술의 하나이다. 그들은 교언영색에 능하므로 말은 번지르르하지만, 속셈은 따로 있어서 말과 행동이 일치하지 않는다. 가끔은 일치할 경우도 있는데, 이는 상황이 불리해져서 당초 속셈을 어쩔 수 없이 포기한 것에 불과하다. 그들은 난세에 유리하다. 그들의 말을 신뢰한 선량한 이웃들의 뒤통수를 쳐서 이익을 얻는 것이 주특기이므로, 이러한 행위를 처벌할 사회적 제도가 제 기능을 다하지 못하는 혼란한 시대에 번성한다. 부도덕은 사회라는 직물의 올을 끊어내는 칼날과 같다.

자신에게 손해가 될 수도 있는 약속을 그럴듯하게 늘어놓는 사람은 일단 경계할 필요가 있다. 사람을 처음부터 신뢰하지 못한다는 것은 슬픈 일이지만, 신뢰는 개별적 경험에서 축적되지 않으면 오히려 독이 될 수 있다. 말이 지나치게 많은 사람도 주의하는 게 좋다. 그는 약속을 쉽게 하거나 생각이 쉽게 바뀔 가능성이 높기 때문이다. 약속이 많아지다 보면 지키지 못하는 경우도 늘어나게 되며, 사고가 분방하다 보면 일관되지 않을 가능성도 많아지게 된다.

무엇보다도 말이 자꾸 달라지고, 그에 대해 명확히 책임지지 않으려는 사람은 경계하고 조심해야 한다. 세상일이란 게 사람 뜻대로만 될 수는 없으므로 모든 약속을 완벽히 지킬 수는 없겠지만, 자신의 책임을 제대로 인정하지 않는 사람이라면 처음부터 지킬 마음이 부족했던 것으로 간주할 수 있다. 그러므로 옛 성인들은 말과 행동이 하나가 되어야 한다고 가르치셨다. 그리고 그들은 말을 매우 아끼셨다. 말은 칼과 같아서 쉽게 휘두르면 상처를 남기고, 함부로 내뱉으면 자신의 신뢰를 베어버린다. 말을 하기는 쉬워도 이를 책임지기는 어렵다는 것을 잘 알고 있기 때문이다.

부패와 부도덕은 서로 영향을 주고받는다. 부패한 사람은 부도덕하기 쉽고, 부도덕한 사람은 빨리 썩는다. 권력 있는 사람이 부도덕하거나 부패했을 경우, 그 출발은 달랐을지라도 결국은 하나의 거대한 암세포처럼 뭉치고 만다.

부패와 부도덕이 권력과 결합하면 어느 누구도 이를 말리기 어려워진다. 그들은 '정의'라는 이름의 가면을 쓰고, 양적 확대와 질적 고도화라는 눈부신 성장을 거듭한다. 그들은 프로가 되어 교묘해진다. 그러다가, 권력이 손아귀에서 빠져나가면, 마치 가벼운 접촉에도 허물어지는 모래탑처럼 자신을 파괴시켜간다. 권력이라는 자양분을 잃은 부패는 스스로 붕괴하는 운명을 맞이한다.

부패는 금전적으로 배상이 가능할 수 있지만, 부도덕은 그 어느 것으로도 대체되기 어렵다. 부패의 배상은 순간적으로 이루어질 수 있지만, 부도덕의 상흔을 지우려면 기나긴 세월을 고통스러운 자숙과 형벌로 채워야만 가능하다. 특히 부도덕은 종종 부패의 전조로 나타난다.

그러므로 부패보다 부도덕이 더욱 문제가 된다. 부패는 드러나기 쉽지만, 부도덕은 판단하기 어려울 때가 많다. 부패가 사회적 규칙을 교란시키는데 비하여, 부도덕은 보다 근본적인 인간 사이의 신뢰라는 사회의 보이지 않는 실핏줄을 무너뜨린다. 신뢰가 무너지면 사회는 단순한 개개인의 집합체로 전락하고 만다.

정의가 없는 사회는 약탈자들의 소굴이 된다. 정치 지도자들의 부패는 사회 전체를 부패시킨다. 그들의 썩은 자리를 파내기 전에는 공직 사회의 부조리도 뿌리 뽑을 수 없다. 부패한 위정자는 공직 사회를 자신의 사적인 손발로 사용하기 때문이다. 그들의 부도덕은 사회 기강을 파괴시킨다. 옳고 그름의 기준이 뒤섞이고, 권력과 폭력이 구별되지 않으며, 정의와 불의가 서로의 옷을 바꿔 입는다. 그들의 말이 행동과 일치하지 않음을 깨닫게 되고 그들의 주장이 공허하게 들릴 때, 그들은 단지 말 잘하는 사기꾼이라는 허상이 되어 우리 모두의 무거운 짐으로 남게 될 뿐이다. 그들의 거짓된 웃음소리는 사회의 병든 심장을 울리는 불협화음이다.

나는 정말 그들이 싫다. 그들이 부지런히 활동하며 그들의 반칙이 '노력'이라는 미명으로 먹혀들어가는 이 사회의 병든 모습이 슬프다. 남의 돈을 가져가면서도 먹고 살기 위해 어쩔 수 없었다고 뻔뻔하게 말하는 그 태도가 혐오스럽다. 본인은 잘못이 없고 사회 시스템 때문이라고 우겨대는 그 비루한 논리는 진정 나를 허탈하게 한다. 부패와 부도덕, 사회의 종말론적 경고여! 너는 언제쯤 영원히 사라질 것인가.

노령화사회를 바라보는 3가지 관점

> 물 먹는 소 목덜미에 할머니 손이 얹혀졌다.
> 이 하루도 함께 지났다고,
> 서로 발잔등이 부었다고,
> 서로 적막하다고,
> – 김종삼

⟨1⟩ 늘어나는 평균수명의 역설

　예로부터 바람직한 인생의 조건으로 오복(五福)을 꼽았다. 오복 중에 첫째가 바로 장수(長壽)이다. 동서고금을 막론하고 오래 살려하는 인간의 욕망이 인류의 투쟁과 문명의 발전을 이끌어왔다. 지금도 새해 첫날에 노인에게 세배를 하며 오래오래 사시라고 축원을 올린다. '개똥밭에 굴러도 이승이 좋다'는 속담도 있다. 이처럼 우리는 불로장수를 꿈꿔왔지만 그것은 인간의 힘으로 얻을 수 있는 것이 아니었다.
　진시황은 장생불사를 위해 온 세상을 뒤져 불로초를 찾고자 애썼지만 끝내 50세를 넘기지 못했다. 국내 제일의 부자로 손꼽힌 삼성그룹의 이건희 회장도 2014년에 급성 심근경색으로 쓰러진 뒤 6년 동안 갖은 노력을 다했지만 다시는 일어나지 못하고 타계하고 말았다. 천하를 굴복시킨 권력도, 세상을 주무르는 돈으로도 그들의 수명을 더 늘려주진 못했다.

최근에 이르러 우리는 진시황보다 더 오래 살게 되었다. 권력도 돈도 별로 없지만 한국인의 평균수명은 83.5세에 달한다.(2023년 기준) 조선시대 왕의 평균수명이 47세였고, 백성들이 약 43세였다고 하니 요즘의 우리는 그야말로 왕후장상이 부럽지 않은 인생을 누리고 있는 셈이다.

일찍이 없었던 장수만세의 시대를 살고 있지만 이에 따른 문제도 심각해지고 있다. 특히, 평균수명이 생산연령대(15세~64세)을 훨씬 초과하게 됨에 따라 스스로를 부양할 수 없는 계층이 급증하고 있다. 또한 200년 전보다 약 40년을 더 살게 되면서 전에는 드물거나 몰랐던 여러 질병과 사회적 문제에 맞닥뜨리게 되었다. 이러한 사회적, 경제적, 의료적 문제는 여러 문제를 야기하면서 장밋빛인줄 알았던 장수시대의 전망을 어둡게 하고 있다.

〈2〉 빈곤으로 내몰리는 노인들

우리 사회의 노인들은 이른바 산업화시대를 관통해왔다. 예전 시대에는 없던 입시지옥과 취업전쟁을 최초로 겪으며 성장했고 치열한 경쟁 속에서 가족 부양을 최우선으로 빠듯이 살아왔다. 노년에 이르러 자녀를 교육시키고 결혼시키느라 자신을 위한 자산은 대부분 마련하지 못한 채로 은퇴하는 경우가 대부분이다. 예전 같으면 이러한 부모를 자식이 부양했지만 세태가 바뀌고 젊은 세대들의 삶도 팍팍해지면서 기대하기 어려워졌다.

"부모를 부양했지만 자식으로부터 부양받지 못하는 최초의 세대"라는 타이틀은 이들이 겪어야 하는 경제적 고난을 잘 나타내주고 있다. 경제적 능력이 없이 늘어난 20~30년의 시간을 노년의 몸으로 살아가는 일은 이들의 미래를 어둡게 하고 있다. 지금까지 그들이 최초로 입시지옥과 취업전쟁을 겪으며 그제야 대책이 만들어졌던 것처럼 이들이 빈곤한 노인층이라는 새로운 고통을 겪으면서 사회적 문제를 만드는 과정을 거쳐야 비로소 제대로 된 대책이 제시될 것이다. 이들이 새로운 사회빈민층으로 전락하지 않도록 하려면 새로운 지원제도나 공적부조가 필요하다. 이는 상당한 사회적 비용을 발생하게 하며 국가에 부담으로 작용하게 된다.

한편으로는, 2023년 기준으로 한국의 65살 이상 노인 인구는 전체 인구의 약 19%를 차지하지만, 노인 진료비는 전체 진료비의 44%에 달한다.[1] 노인 진료비 비율이 노인 인구 비율을 크게 상회하며, 이 비중은 시간이 지날수록 더 커지고 있다. 또한, 노인 진료비 증가 속도(연평균 약 7%)는 노인 인구 증가율보다 훨씬 빠르게 진행되고 있다. 이처럼 노인층에 대한 사회적, 경제적 부담이 날로 커지는 것에 비례해, 빈곤층으로 몰락하는 노인의 수는 점차 늘어날 것으로 보인다.

---

[1] KBS, '지난해 65세 이상 노인 진료비 약 50조 원…전체의 44%' (2024.11.29.)

〈3〉 준비되지 않은 제2의 인생

 2016년에 "60세 정년"이 법으로 도입되었지만 산업 현장에서는 실제로 평균 51.7세에 퇴직이 이루지고 있다.[2] 그러므로 60세 이후의 재취업은 산업 기술을 지니고 있거나 '공공근로' 등의 특수한 예를 제외하면 실상 거의 희박하다고 볼 수 있다. 또한 이 시기는 자녀의 대학 재학시기이거나 결혼적령기에 해당하므로 퇴직자들이 가진 약간의 재산과 퇴직금은 이에 충당되는 경우가 대부분이다. 이로 인해 별도로 노후자산을 만들어두지 않은 많은 노인들이 빈손으로 제2의 인생을 시작하게 된다.
 그들에게는 아직도 20~30여 년의 인생이 남아있지만 이를 어떻게 감당할 지에 대한 준비가 거의 없다. 이에 대한 사회적 학습이 우리에겐 되어있지 않기 때문이다. 습관적 음주나 무기력한 소일 외에는 해야 할 일도, 할 수 있는 일도 없는 노인들이 대부분이다. 일생을 오로지 일만 해오며 나름의 취미나 특기를 지니지 않은 사람들에게 이러한 경향이 더욱 심하다.
 따라서 노령을 앞둔 세대에게 노후 준비를 위한 사회적 교육이 필요하다. 제2의 인생을 위협하는 요소들을 인지하도록 하고 암 등의 질병에 대한 정보와 긴 노년 시기의 생활비 등을 마련하는 연령별 포트폴리오 등을 준비하도록 도와야 한다. 특히, 남아있는 20~30년 동안 무엇을 하며 살 것인지에 대한 개인적 목표가 필요함을 일깨워줘야 한

---

2) YTN, '직장인이 체감하는 정년퇴직 나이는 평균 51.7세' (2021.10.16.)

다. 할 일이 없는 삶은 수형자의 삶과 같다. 최근에 극단적으로 정치적 주장이 강한 노인들이 늘어나는 현상도 이와 관련있어 보인다.

⟨4⟩ 행복한 노년을 위한 조건

말년이 불행하면 인생이 초라해진다. 자녀와 함께 살지 않는 시대가 되면서 노인은 이제 스스로의 수입으로 생계를 꾸려야하게 되었다.

그러므로 행복한 노년을 위한 첫째 조건은 경제적 자립이다. 가난한 노년을 겪지 않으려면 어느 정도의 저축이나 연금이 필수적이다. 이를 위해서 국민연금 수령액을 최대치로 만들 수 있도록 60세 이전에 납부액과 납부기간을 늘리는 방안을 스스로 강구해야 한다. 민간보험의 연금상품에도 최대한 가입해두고 퇴직금 등의 일시금은 연금화하는 것이 바람직하다. 또는 지속적 수입이 보장되는 수입원을 확보하는 노력이 필요하다. 예를 들어, 공인중개사 등의 각종 자격증이나 도배, 타일, 용접 등의 기술을 익히면 연령에 관계없이 현장에서 오래 일할 수 있다.

둘째로, 늘어나는 여가를 활용할 수 있는 취미나 사회에 기여할 수 있는 사회활동을 한 가지 이상 미리 마련해 두는 것이 좋다. 수입을 얻을 수 있는 기술이거나 일정한 수준에 오르면 남들을 지도할 수 있는 취미활동이라면 더욱 바람직하다. 이를 통해 건강과 활력을 얻을 수 있으며 사회활동을 유지하는 끈이 된다. 이외에도 건강과 관련된 운동도 하나쯤은 꾸준히 연마해두어야 한다. 운동은 노인이 되기 전부터 시작해두어야 좀 더 오랜 기간 지속할 수 있기 때문이다.

셋째로 필요한 것은 친구이다. 노년이 쓸쓸하다면 30년 이상을 쓸쓸하게 살아야한다는 뜻이 된다. 따라서 함께 대화를 나누며 늙어갈 수 있는 친구는 돈 이상으로 중요하다. 그러므로 지금 믿을 수 있고 마음 맞는 친구가 있다면 소중히 이어가야 한다. 또는 더 늙기 전에 그런 친구를 만들어야 할 것이다.

〈5〉 노인이 존중받는 사회로 향하는 길

최근 코로나19로 인해 가장 큰 타격을 당한 계층이 바로 노인들이다. 노인의 사망률이 청년층에 비해 월등히 높다보니 일부 국가에서는 이에 대한 차별이 발생하여 사망률이 더 높아지기도 했다. 이러한 현상은 노인 인구가 늘어나면 늘어날수록, 그들이 사회적으로 부담이 되면 될수록, 널리 퍼지고 젊은 세대의 인식에 고착화될 가능성이 높다. 이는 '사회적 고려장'에 다름 아니다.

이처럼 노인에 대한 사회적 대처가 낮아지는 상황에서 우리나라는 이미 2024년에 65세 이상이 총인구의 20%를 넘어섰다. 이 막대한 인구가 생산능력 없는 피부양계층이 되어 그들이 막대한 의료비와 생계보조비만을 소모하는 사회가 된다면 우리 사회의 미래는 매우 위태로워질 수 있다. 그들이 유휴인력으로 전락하는 것을 막고 그들이 의미 없이 낭비하는 시간을 어떤 방식으로든 사회에 환원토록 하고 그들의 능력과 가능성이 사장되지 않도록 하는 방안을 마련하지 못한다면, 노인들과 우리 사회가 맞이할 미래는 결코 밝지 않을 것이다.

늘어나는 노년의 긴 삶을 사회복지제도에만 맡길 수는 없다. 노인계층은 자신의 가치를 높이는 일에 힘써야 하며 자립적인 노후생활이 가능하도록 미리 준비해야만 한다. 또한 사회적으로도 노인의 자존감을 유지할 수 있도록 그들의 능력을 재활용하고 그들의 여유시간을 상대적으로 저렴한 비용에 구매하여 사회에 환원할 수 있는 방안을 적극 개발해야 한다. 이를 통해 현재의 노인 돌봄과 지원서비스에서 한 단계 더 나아가는 것이 현재 우리 사회가 선택할 수 있는 바람직한 대안의 하나가 될 것이다.

달마는 서쪽에서 오고 만공은 솔밭길을 가다

한 소리 질러 삼천 세계 깨뜨리니
눈 속의 복사꽃 조각 조각 붉구나
- 한용운, 「一聲喝破三千界 雪裡桃花片片紅」

 마른장마에 계곡의 물소리도 잦아드는 7월 맑은 날, 홀로 봉곡사鳳谷寺를 찾았다. 아산시 외곽에 새로 뚫린 자동차전용도로에 봉곡사라는 이정표를 눈길로만 여러 차례 지나치다가 오늘은 꼭 가보리라 마음먹고 발길을 돌렸다.
 첫 번째 주차장에 차를 두고 산길을 오른다. 절 곁에 주차장이 또 있겠지만 오르는 길을 걷지 않는다면 절을 찾는 의미는 반으로 줄어든다. 무엇하러 절들은 산 높은 곳에 있겠는가? 마음으로 108계단을 오르지 않는다면 몸으로 108배를 올린들 무망한 일이다. 한발 한발 마음을 씻으며 산길을 오르다 절로 만나는 곳이 절이어야한다.
 우리나라에 얼마 남지 않았다는 빼곡한 소나무 숲길이 이어진다. 백살을 훌쩍 넘긴 그림 같은 적송들이 어느 것은 올곧게 뻗고 어떤 것은 진양조로 유장하게 휘어지고 혹은 슬며시 옆 나무에 기대며 길안내를 한다. 몇 해 전에 "아름다운 천년의 숲"으로 선정되었다는 이 길을 걷는 것만으로도 봉곡사를 찾을 이유는 충분하다.

솔잎혹파리 방제작업을 했다는 표지판이 곳곳에 눈에 띈다. 숲을 지키기 위한 보이지 않는 노력이 많았음을 알겠다. 나무 밑둥치에 V자로 파인 자국은 일제 시대 군수물자로 송진을 채취했던 흔적이란다.

누구나 아픈 상처는 있다. 아름다움은 거저 얻어지지 않는다. 그러므로 미인을 대할 때는 그만한 경의를 표해야한다. 100년의 세월로 다져진 미인이라면 더 말할 나위 없다.

솔밭길이 끝나는 곳에 다시 주차장이 있고 그 위쪽에 만공탑滿空塔이 자리하고 있다. 만공선사滿空禪師는 1895년 이 곳에서 면벽 수행하다가 홀연히 깨달음을 얻었다. 그는 선맥禪脈의 거봉인 경허鏡虛 스님의 제자이다. 일세를 풍미한 스승과 제자에게는 유명한 일화가 있게 마련이다.

어느 날 두 스님이 시냇물을 건너지 못해 발을 동동 구르던 처녀를 만났다. 제자는 망설였지만 스승은 처녀를 등에 업고 물을 건네주었다. 한참 뒤 만공이 물었다. "출가자가 어찌 젊은 여자를 업을 수 있습니까?" 스승이 말했다. "나는 그 처자를 냇가에 내려놓고 왔는데 너는 아직도 그 처자를 업고 있느냐?"

만공탑은 탑신에 지구모양의 둥근 돌을 올렸다. 그 둥근 돌에 세계일화世界一花라 쓰여있다. 만공선사는 만물이 한 송이 꽃이라 했다. 너도 나도, 적군도 아군도 하나의 줄기에서 피어난 꽃이라 했다. '세계일화'는 만공의 제자인 고봉선사를 거쳐 손제자인 숭산선사가 서구에 선禪을 전할 때 가장 즐겨 쓰던 말이 되었다. 그렇다면 봉곡사는 우리 불교가 선맥을 잇고 세계로 퍼져나가게 된 징검다리요, 불교의 성지인 셈이다.

> 저 산의 딱따구리는 생나무 구멍도 잘 뚫는데
> 우리 집 멍텅구리는 뚫린 구멍도 못 뚫는구나

어느 날 궁궐 사람들이 만공스님을 찾아와 법문을 청하자 어린 사미를 불러 나무꾼에게 배웠다는 딱따구리노래를 부르게 했다. 얼굴이 빨개지는 사람, 키득거리는 소리… 음담패설 법문에 어리둥절하는 무리에게 만공스님은 입을 열었다. "진리라는 것은 원래 뚫려있는 것이에요. 범부 대중은 뚫려있는 제 구멍을 보지 못할 뿐이지요. 탐욕과 분노, 어리석음에 빠져있는 불쌍한 멍텅구리이지요."

진리는 이미 뚫려있는데 우리가 믿고 따르지 않을 뿐이다. 만공은 일본이 항복하는 날, 무궁화 가지에 먹을 묻혀 '세계일화'를 썼다. 그러나 독도 영유권을 다시 주장하는 일본을 떠올리는 내게 만공의 가르침은 그야말로 가득 찬滿 공空이며, 딱따구리 법문도 깨닫지 못하는 멍텅구리에게 세계일화는 너무 높이 피어있는 꽃이다.

태화교를 건너 왼편에 위치한 삼성각三聖閣에 오르면 봉곡사가 한눈에 들어온다. 삼성각은 산신山神, 독성獨聖, 칠성七星을 한 자리에 모신 전각이다. 천주교가 제사 문제로 박해를 받으며 토착화 과정을 거친 것처럼 불교가 토속신앙과 어우러져 만들어낸 것이 바로 삼성각이다. 사찰에 따라 산신각, 독성각, 칠성각을 따로 두기도 하고 삼성각이란 이름으로 함께 모시기도 하는데 한국 사찰만의 특징이다.

까치호랑이를 거느린 신선이 산신이고, 구름과 소나무를 병풍삼아 긴 눈썹을 휘날리는 선사가 독성이다. 독성은 스승없이 혼자 깨달음을 얻은 성자를 일컫는 말로, 혹은 나반존자那畔尊者라 한다. 현세의 이익을 주는 성인으로 신앙의 대상이 되었으나, 다른 나라에는 그 유래가 없다. 최남선崔南善은 민간에 전해지던 단군신앙이 불교에 흡수된 것이라고 주장하였는데 충분히 귀기울일 만하다. 칠성은 수명을 관장하는 북두칠성을 일컬으며 역시 도교의 영향이다. 그러므로 삼성각은 민속신앙과 불교, 도교가 합성된 우리 고유의 퓨전종교라 할 것이다.

솔밭길과 만공탑을 제외한다면 봉곡사는 이름만 남은 절이다. 신라말 진성여왕 원년(887)에 도선국사가 창건하고 고려 때 보조국사가 중창했다는 천년고찰이지만 지금은 그 흔적을 찾을 길 없다. 삼성각과 향각전은 최근 건물이고, 대웅전과 고방庫房(곳간)이 그나마 고풍스러워 아마도 1891년에 중수되었다는 건물인가 싶다. 석축을 쌓아 작은 터를 만들고 전각을 'ㄱ'자로 배치하여 마치 산골마을의 분교를 보는 듯하다. 석축 아래쪽으로 역시 돌을 쌓아 작은 연못을 만들었는데, 제대로 관리되지 않고 있다. 그 외에는 일주문과 사천왕문은 물론 종각조차 없다.

봉곡사는 또한 다산 정약용茶山 丁若鏞이 잠시 머물던 곳이기도 하다. 1795년에 정3품 당상관에서 종6품 찰방으로 좌천된 다산이 이곳에서 성호 이익의 후손 등 13명의 실학자들과 10일 동안 강학회를 열었다고 한다. 그러나 어디에서도 다산의 자취는 남아있지 않아 뜻을 찾는 길손을 아쉽게 한다. 안내판에도 다산에 대한 이야기는 없다. 봉곡사의 유서 깊은 명성에 비해 찾는 이가 적은 까닭을 알겠다. 의미는 눈에 띄기 어렵고 빈곤한 볼거리는 카메라에 담기지 않는다.

고방 뒷마당에는 다섯 개의 바위덩어리가 이리 저리 놓여 있다. 부처의 모습을 닮았다하여 오방불五方佛이라 부르는데, 몇 년 전 대웅전 공사 때 인부가 꿈을 꾸고 땅 속에서 캐어낸 것이라고 한다. 그러한 의미 부여를 다산에게도 나눠준다면 봉곡사의 이름은 좀 더 향기로워질 것이다.

일본의 소설가 가와바타 야스나리가 '설국雪國'을 쓰며 잠시 머물던 어느 여관에서는 당시의 상황을 재현해놓은 기념관을 만들어 영화도 상영하며 관광객을 불러 모으고 있다 한다. 여관도 하는 일을 천년고찰이 못할 까닭이 없다. 땅을 파는 인부가 오방불을 세상에 내어놓듯이 누군가 이곳에서 다산을 캐어놓을 날을 기다려본다.

산을 내려오며 다시 솔밭길을 걷는 것은 봉곡사가 주는 작별선물이다. 길이 아름다우면, 차를 버리고 걷는 이 또한 아름답다. 흙길이 아닌 시멘트길인 것이 옥의 티이지만 일체유심조一切唯心造라 했으니 시멘트길도 흙길로 생각하고 걸으면 될 일이다. 그렇다면 아름다움이란 부족한 부분을 마음으로 채워야만 완성되는 불완전한 것인가 보다. 누구나 아름다워질 수 있듯이 불성佛性은 누구에게나 있는데 무슨 일로 만공은 이 솔밭길을 걸었는가? 나는 왜 어디로 가는가? 만공의 오도송悟道頌이 답해주는 듯하다.

何事達摩越西天(하사달마월서천) 무슨 일로 달마가 서천을 넘었는가
鷄鳴丑時寅日出(계명축시인일출) 축시에 닭 울고 인시에 해 뜨는데.

잃어버린 왕국, 백제

> 새로 궁궐을 지었는데 검소하나 누추하지 않고,
> 화려하나 사치스럽지 않다
> – 김부식, 「삼국사기」 新作宮室 儉而不陋 華而不侈

⟨1⟩ 백제의 신비

내가 살고 있는 서천지역은 옛 백제의 땅이었다. 소정방의 당나라군이 이곳에 상륙하며 천방산의 전설이 만들어졌고 신라가 당나라에서 벗어나기 위해 마지막 전투를 벌인 기벌포해전의 무대가 지금의 장항이다. 당시의 치열한 격전을 상상하면 역사의 숨결이 느껴지는 듯하다.

백제는 신비로운 수수께끼의 나라다. 1993년에 부여에서 발굴된 백제금동대향로의 찬란함에서 드러나는 빛나는 문화로 일본 등 주변 국가에 영향을 미치며 한 시대를 풍미했지만 신라와 당나라의 협공을 견디지 못하고 역사의 무대에서 쓸쓸히 퇴장했다.

역사를 감정이입의 관점에서 바라본다면, 백제의 역사는 아름다운 예술작품과 같다. 감미롭고 슬픈 노래처럼 우리의 가슴에 와 닿는다. 비련의 상처에서 태어나 고통 속에 성장하며 끝없이 차오르던 열정의 시절이 있는가 하면 내부의 투쟁으로 쇠약해져 허무한 전설을 남기고 사라져 갔다. 그래서 나는 백제를 사랑한다. 그들의 흔적과 풀리지 않는 수수께끼들이 나를 애틋하게 한다.

백제의 시조는 고구려를 거쳐 북만주 부여夫餘족으로 거슬러 올라간다. 당시 북부여는 느슨한 연합체제로 인해 부족 간의 분쟁이 잦았다. 분쟁과 세력다툼에서 밀려난 일파들은 그곳을 떠날 수밖에 없었을 것이고, 개척의 여지가 있었던 남쪽의 한반도가 좋은 선택지가 되었을 것이다.

그러한 세력다툼에서 밀려난 일파 중에, 주몽朱蒙이 있었다. 삼국사기에 따르면 그는 3명의 수하와 함께 남쪽으로 내려왔다. 임자 없는 좋은 땅이 그들을 기다리고 있을 리 없으므로 토착세력과의 다툼과 대립을 피할 수 없었을 것이다.

다행히 압록강 유역 졸본 지역에 이르렀을 때, 그 곳의 유력한 세력가의 딸인 소서노召西奴와 운명적으로 만난다. 미미한 세력임에도 천명과 건국을 외치는 주몽에게서 가능성을 발견한 그녀는 그와의 혼인을 받아들였다. 여장부 소서노는 모든 재물을 기울여 주몽을 지원했고 이에 힘입어 주몽은 강력한 경쟁 상대였던 비류국을 복속시키는 등 주변에 세력을 떨쳤다. 주몽은 드디어 나라의 기반을 세우고 이름을 고구려高句麗라 칭했다. 고구려 말에서 구루는 고을, 성城을 뜻하므로 '높고 위대한 나라'를 의미한다.

주몽의 이름도 수수께끼에 싸여있다. 삼국사기과 삼국유사에는 주로 주몽朱蒙으로 기록되어 있다. 다른 기록에는 추모, 추몽, 중모, 도모 등으로 나타나는데 이는 한자 차음借音의 영향으로 보인다. '주몽'은 부여의 언어로 활을 잘 쏘는 사람을 뜻한다. 1145년, 김부식이 편찬한 삼국사기에 의하면 주몽 사후에 '동명성왕'으로 불렸다고 한다. 그러나 주몽 사후 400여 년 후에 건립된 광개토대왕릉비에는 '동명성왕'이 아닌 '추모왕鄒牟王'으로 적혀 있어 삼국사기의 기록에 의문이 제기된다. 왜냐하면 광개토왕에게는 호태왕이라는 왕호를 쓰면서 건국 시조에게는 동명성왕이라는 존칭 대신에 굳이 이름으로 표기한다는 것이 상식적으로 맞지 않기 때문이다. 그때까지는 동명성왕이라는 왕호가 쓰이지 않았던 것이 아닐까? 이상한 것은 동명성왕이라는 이름이 부여를 건국한 동명왕과 같다는 점이다. 더구나 태어난 곳에서 시기를 받아 남으로 이동해서 나라를 세웠다는 건국설화도 지명을 제외하면 판박이처럼 같아서 역사 공부하는 후손들을 헷갈리게 한다. 그래서 정약용은 그의 저서 '아방강역고'에서 부여를 복속시킨 고구려 사람들이 부여의 건국신화가 거룩해서 그 이야기를 표절하고 동명왕이란 이름마저 빼앗았다고 강하게 비판했다.

말이 난 김에 광개토왕의 명칭에 대한 논란에 대해서도 짚고 가자. 비에 새겨있는 그의 정식 명칭은 국강상광개토경평안호태왕國岡上廣開土境平安好太王이다. '국강상'은 왕의 무덤이 있는 지명으로 국강 언덕 위을 뜻한다. '광개토경평안'은 '영토를 크게 넓혀 경계를 평안하게 했다'는 수식어로 왕의 업적을 기리는 부분이다. 마지막의 호태왕이 실제 왕호이다. 그럼에도 김부식이 『삼국사기』에 광개토왕으로 표기한 이후 모두들 무비판적으로 받아쓰고 있는 실정이다. 우리의 예법에 이름을 잘못 부르는 것은 큰 실례에 속한다. 그럼에도 민족의 위대한 영웅에게 무식한 후손들이 매우 큰 무례를 저지르고 있는 셈이다.

〈2〉 부러진 칼과 킹 메이커

어쨌든 고주몽은 부여에 아내를 남겨두고 온 기혼자였다. 여기서부터 비극이 싹튼다. 홀몸이 아닌 부인을 두고 올 만큼 도피할 때의 상황이 급박하고 여유 없었음을 충분히 짐작할 수 있다. 그러나 그는 자신과 추종세력의 야망을 위해서 새 장가를 가야했다. 소서노도 남편과 사별하고 비류와 온조의 두 아들을 키우고 있었다. 그녀는 정치적 야심을 가진 만만찮은 여장부였다. 주몽과 힘을 합쳐 인근지역에서 패권을 차지하려는 토착세력의 대변자였다. 주몽과의 혼인은 당시 흔한 혼인동맹 중 하나로 봐야할 것이다.

연합정권이 안정되어 가면서 집권세력은 주몽이 끌고 온 이주세력과 소서노를 중심으로 한 토착세력으로 구분되었고 당연히 두 세력 간에는 주도권을 둘러 싼 다툼이 은연중에 있었을 것이다. 그 다툼에서 패하는 세력은 다시 도태되어야 할 운명에 놓일 것인가?

한편, 부여의 옛 처인 유씨柳氏는 하염없이 기다려야 했다. 주몽의 아들을 남몰래 키우면서 낭군의 성공을 기원하는 여인의 고단한 삶이 그려진다. 낭군이 새로운 땅에 정착하고 왕이 되었다는 소식을 아마도 들었을 것이다. 그러나 새장가를 들었다는 소식도 함께 들려왔기에 차마 찾아가지 못하고 언젠가 불러주기만을 기다리며 아비 없는 자식을 키우면서 슬피 살았을 것이다. 가슴이 따뜻한 이들은 이 대목에서 눈물을 흘려도 좋다.

그러다가 아들이 장성함에 따라 더 이상 기다리지 못하고 무정한 지 아비를 찾아 아들을 떠나보낸다. 이 부분에서 그 유명한 '부러진 칼의 전설'이 등장한다. 전해지기를, 주몽이 떠날 때에 유씨에게 이르기를, "아들이 태어나면 이름을 '유리'라 짓고, 장성하거든 육각형 소나무 밑에 있는 칼을 찾아 내게 보내주시오" 라고 했다던가?

하여간, 장성한 유리는 부러진 칼을 찾아 가슴에 품고 비장한 각오를 새기며 낯모를 아비를 찾아 떠나게 된다. 일면식도 없는 아비가 자신을 인정할 것인지, 인정하더라도 어떤 대접을 받게 될 것인지 알 수 없었을 것이다. 그의 심정이 어떠한 것이었을 지는 충분히 짐작할 만하다.

신생국가인 고구려에게 주몽의 후계 문제는 뜨거운 감자였고 아마도 소서노의 두 아들이 유리한 입장이었을 것이다. 주몽은 소서노의 두 아들을 자신의 아들처럼 극진히 대접했다고 한다. 별다른 변수가 없다면 큰아들인 비류가 왕위를 계승하고 그로써 왕비의 토착세력이 굳건히 뿌리내릴 수 있었을 것이다.

그러한 상황에서 난데없는 유리의 출현은 정국을 아연 긴장상태로 몰고 가기에 충분했다. 이때가 고구려 건국 19년이 되는 해였다. 그 전까지 소서노는 당연히 자신의 아들인 비류가 왕위를 이을 것으로 여겼을 것이다. 그러나 현실은 굴러온 돌, 유리에게 왕위를 빼앗기고 말았다.

추측이긴 하지만, 이른바 '소나무 밑의 부러진 칼'이라는 그럴듯한 명분이 등장하게 된 것이 바로 그러한 투쟁의 산물이 아닌가 싶다. 하여간 이주세력이 승리함으로써 유리는 하루아침에 버림받은 자식에서 일국의 태자로 탈바꿈하게 되었다.

우리 역사상, 이렇게 찬란한 신분상승은 최초이며 최고의 것으로 기록될 만 하다. 물론 후대에 이르면 바보 온달이나 강화도령, 대원군 등 비슷한 사례가 전혀 없는 것은 아니지만, 질적인 면에서 비교가 되지 않는다. 서양의 신데렐라 이야기도 새 발의 피에 불과하다.

뜨는 해가 있으면 지는 달이 있게 마련이다. 유리의 승리를 기뻐할 수 없는 사람들이 있었다. 바로 소서노와 그의 두 아들이었다. 그들은 냉혹한 선택의 기로에 서게 되었다. 주몽이 유리를 태자로 삼은 지 6개월 만에 40세의 젊은 나이로 세상을 떠나고 유리가 왕위에 오르게 된 것이다.

소서노에게는 두 가지 선택이 가능했다. 하나는 유리왕을 상대로 권력투쟁에 나서는 길이며 다른 하나는 다시 새로운 나라를 건국하는 것이다. 투쟁을 선택한다면 유리는 부친처럼 3명의 부하만을 이끌고 내려왔기에 변변한 세력이 없었을 것이므로 토착세력인 소서노가 승리할 가능성이 더 높았을지도 모른다. 그러나 소서노는 다른 길을 택했다. 소서노가 두 아들을 불러 말했다. "유리가 왕이 되었으니 너희들은 살아남지 못할 것이다. 어서 떠나자."

그로 인해, 주몽이 부여에서 밀려나왔듯이 비류와 온조도 고구려에서 밀려나오게 된다. 그들은 열 명의 가신으로 대표되는 부족들을 이

끌고 기다리는 사람 없는 낯선 땅을 향해 남쪽으로 떠났다. 소서노의 토착세력 입장에서 보면 피가 섞이지 않은 유리의 등장은 당초 정략결혼의 의도가 무산되는 결과였으니 그 배신감은 상당했을 것이다. 그로 인해 이탈세력은 만만치 않은 규모였을 가능성이 크다.

그들은 지금까지의 기득권을 포기하고 그들의 뜻을 이룰 수 있는 새로운 나라를 이룩하려는 꿈을 좇아서, 고구려와는 멀리 떨어진 곳으로 향했다. 마침내 한의 군현과 삼한의 틈바귀인 한강 유역에 자리 잡게 되었는데, 당시 그곳은 마한의 땅이었다.

당시 마한은 계속 남하해오는 말갈족 등 북방의 유이민과의 분쟁에 시달리고 있었다. 마한은 소서노의 무리가 국경 지역에 살기를 원하자 땅을 떼어주는 대신 국경을 지켜줄 것을 요구했다. 그들은 그러한 조건으로 정착에 성공했다. 그러나 정착과정에는 외부의 도전 못지않는 내부의 분열도 뒤따랐다. 그들의 지도자가 둘이었기 때문이다.

아마도 소서노는 온조를 지지했던 것 같다. 소서노가 죽은 뒤에 동생인 온조는 세력의 대부분을 이끌고 한강 유역인 위례성에 터를 잡았고 형인 비류는 바닷가를 향해 서쪽으로 더 이동해서 미추홀(현재의 인천)에 자리 잡았다. 결국 일족은 두 파로 갈리게 되었다. 온조는 나라의 이름을 처음에는 십제十濟라 칭했다. 이는 10명의 제후를 거느리는 나라라는 뜻이다. 비류가 죽고 그 세력을 모두 흡수한 뒤에는 다시 국명을 백제百濟로 바꾸었다.

단재 신채호는 「조선상고사」에서 "소서노는 조선 사상 유일한 여제왕의 창업자일뿐더러, 곧 고구려와 백제 양국을 건설한 자"라고 칭송했다. 주몽과 온조의 노력이 있었지만 소서노가 없었다면 건국되기 어려운 나라들이었으며 우리 역사는 지금과는 달라졌을 지도 모른다. 소서노를 반드시 기억해야 하는 이유이다.

당시 북방의 정세는 격동기였으므로, 이를 피해 남하하는 무리들이 수없이 많았다. 비류와 온조의 일족은 그중에 하나였다. 하지만 그들은 상당한 세력으로 이동하였던 것이 분명하다. 마한과 교섭하여 터전을 구축할만한 힘을 가지고 있었다.

북에서 내려오는 이주민들은 마한의 입장에서는 이민족 또는 타 부족이었겠으나 부여를 계승했다고 생각하는 백제의 입장에서는 오히려 동족에 가까웠을 지도 모른다. 그러한 이점을 바탕으로, 백제는 남하하는 맥족과 말갈족 등 잡다한 세력들과 생존을 걸고 맞서 싸우거나 한편으로는 어우르며 급격히 세력을 키워갈 수 있었을 것이다.

백제가 여타 이주세력과는 달리 고대국가로까지 발전할 수 있었던 것은 바로 그러한 시대적 상황에 힘입은 바 크다 할 것이다. 즉, 부여와 예맥을 이어받은 발전된 문화와 인적 구성, 그리고 여러 부족을 거느린 고구려의 왕자라는 만만치 않은 기본세력을 밑거름삼아 주변 여건을 효과적으로 활용하면서 발전할 수 있었다.

〈3〉 비운의 왕자, 비류

삼국사기에 이르기를, 비류는 서쪽 미추홀에 도읍하였으나 땅에 염분이 많아 농사에 부적합했으므로 다시 위례성으로 돌아오게 되었고 위례성의 도읍이 안정되고 백성들이 평안하게 사는 것을 보고 부끄러워하고 후회하다가 죽었다고 한다. 이렇듯 애매한 기록은 비류가 어쩌면 내부의 적에 의해 제거된 것이 아닌가 하는 의문을 갖게 한다. 소서노의 지지를 받지 못하면서 세력이 약해졌고. 그로 인해 온조와의 경쟁에서 패한 것으로 보는 것이 옳을 것이다.

단서는 비류라는 명칭에 있다. 비류는 고구려어로 '소나무(松)'를 뜻한다고 한다. 주몽이 정착한 졸본에는 '비류수'라는 강이 흐르고 있었다. 그리고 그 상류에 '비류국'이라는 나라가 있었다. 주몽은 비류국과의 투쟁에서 승리하면서 고구려를 건국할 수 있었다. 한편으로는 백제 초기 5부족 중에 '비류부'가 있었고 초기 행정체제 중에도 '비류부'가 있었다. 이러한 역사의 조각들을 조합해보면 옛 비류국의 세력이 비류 왕자를 따르다가 세가 기울자 온조에게 전향하며 세력을 유지했을 가능성이 충분하다. 그 와중에 비류가 희생되었다고 보는 것이 아마도 사실에 가까울지 모른다. 어떤 이는 비류가 일본으로 건너가 그들의 지배세력이 되었다는 비류백제설을 주장하기도 하는데 입증이 어려운 가설이다.

비류는 비운의 왕자이다. 고구려 왕실의 장자로써, 왕위를 눈앞에 두었으나 뜻하지 않게 빼앗기고 말았다. 통한의 눈물을 삼키고 재기를 꿈꾸며 무리를 끌고 남하했으나 동생인 온조에 밀리면서 다시 서쪽으로 향해야 했다. 두 패로 갈라진 이후에도 서로가 백제의 정통성을 주장하고 다투었을 것이다. 그 와중에서 결국 온조가 승리하여 비류를 제거하고 그 세력을 흡수했을 것이다. 결국 비류는 두 차례의 결정적 패배를 당하며 역사의 무대에서 사라지고만 비운의 왕자였다.

만약에 소서노가 비류를 왕으로 삼았다면 바닷가에 자리한 비류백제는 비류백제설이 주장하는 바처럼 해양왕국으로 발전했을 지도 모른다. 역사에 가정은 없지만 상상해보는 것만으로도 엔돌핀이 솟는다. 역사의 재미는 아마도 이런 것이 아닐까 싶다.

〈4〉 잃어버린 왕국의 잃어버린 꿈 이야기

고대국가의 성립과정은 어느 것이나 신비하고 과장되며 그럴 듯해 보이게 마련이다. 하지만 백제의 그것이 특별히 가치 있게 생각되는 이유는, 설화적인 요소가 배제되어 보다 사실감 있는 내용으로 구성되어 있으며, 주몽에서 온조에 이르는 수많은 각양각색의 등장인물들과, 부여에서 고구려를 거쳐 백제로 이어지는 파란만장한 줄거리가 그야말로 드라마틱하게 느껴지기 때문이다.

역사는 반추하는 자의 몫이다. 과거에도 지금처럼 수많은 사람들이 저마다의 꿈을 추구하며 자신의 삶을 채우기 위해 애쓰며 살았다. 한 시대를 장식한 영웅도 있었고 끝내 뜻을 이루지 못하고 사라져간 안타까운 운명도 숱하게 명멸했으며, 또한 이름 없는 수많은 민초들도 주어진 역할을 수행하며 살아갔다.

지금은 잊혀진, 그러한 군상들을 되짚어 생각하며 그들의 인생을 평해보는 것은 남겨진 자의 특권일까? 우리에게 전해지는 짧은 이야기를 통해 역사 속에서 부대끼며 살다간 선조들의 삶과 꿈을 그려보고 싶다.

그 안에는 사랑과 배신, 신화와 전설, 음모와 역전, 권력투쟁과 승패의 갈림, 신천지의 개척과 생존을 건 결전 등 온갖 세상사가 망라되어 얽혀있다. 뜻있는 자라면 능히 훌륭한 작품으로 벼려낼 만하다. '잃어버린 왕국'이란 곧 '찾을 것이 많은 왕국'이라는 의미가 된다.

그렇게 불타오르는 역사의 숨 막히는 치달림 속에 내 몸을 던져 넣어, 잠시 그들과 함께 말을 몰아 너른 들판을 마음껏 달려보고 싶다. 말갈기를 흩어 날리는 천년의 바람결에 그들의 거친 숨소리가 묻어나는 듯하다. 들판을 떨어 울리는 힘찬 함성 속에 그들의 꿈과 사랑이 어우러져 피어나는 듯하다.

아직도 외로운 섬, 독도

> 울릉도와 그 외 일도(一島)는 일본과 관계없음을 심득할 것.
> - 일본 태정관 지령(1877년)

⟨1⟩ 한일관계의 동상이몽

우리에게 일본은 가깝고도 먼 나라로 정의되곤 한다. 바다를 사이에 두고 가장 가까운 지역인 대마도와 부산이 50km에 불과할 정도로 지리적으로 매우 가깝다. 문화적으로도 많은 영향을 주고받지만, 역사와 영토를 둘러싸고 심리적, 정치적으로 상당한 거리와 갈등이 존재한다. 양국 간에는 해묵은 현안들이 숱하게 놓여있다. 위안부 문제를 포함하는 한일 과거사, 독도, 어업협정, 무역역조, 교과서 왜곡, 야스쿠니 신사참배 등이 그것이다.

최근 이재명정부가 실용외교를 추구하면서 일본과의 관계도 새로운 국면을 맞고 있다. 실용외교란 국익을 앞세운 주고받기식의 외교를 의미하므로 일종의 균형외교가 될 가능성이 높다. 그러나 균형이란 늘 위태롭다. 자칫하면 '친일'로 비칠 수 있고 그러지 않으려면 때때로 강경한 카드를 내밀어야 한다. 결국은 대화와 교류는 확대하되, 국익을 침해하는 사안에 대해서는 타협하지 않는 '강온 양면 전략'이 추진될 것으로 예상된다.

일본의 입장도 우리와 크게 다르지 않다. 그러나 만약 한일 간에 분쟁이 높아진다면 자국 국민으로부터 지지를 얻는 데는 강경보수 노선을 지향하는 것이 가장 효과적이므로, 입지를 넓히려는 양국의 정치가들에게 상대국에 대한 강경자세는 매력적인 미끼가 되어 왔다. 뿐만 아니라, 언론들이 앞장서서 부추길 것이므로 자칫하면 양국 간의 국민 감정을 앞세운 험악한 대결로 치닫게 될 가능성이 늘 잠재해있다는 점도 유의해야 한다.

한일 양국 국민의 감정도 냉탕과 온탕을 오가고 있다. 식민지 지배의 기억으로 한국을 폄하하며 험한 서적이 베스트셀러가 되는가 하면 혐한 발언과 시위가 공공연히 이루어진다. 한편으로는 K-Pop을 중심으로 한류를 즐기는 젊은 세대가 꾸준히 늘며 양국간의 방문객도 증가하고 있다. 한일관계는 정말 가깝고도 먼 사이임에 틀림없다.

그렇다면 한일이 서로 타협할 수 있는 것과 결코 합의할 수 없는 사안은 어떤 것이 있을까? 쉬운 것은 아마도 경제협력이 될 것이고 최고 난제 중에 하나는 독도 영유권 문제일 것이다. 그밖의 과거사 문제는 걸어 잠그면 해결 불가이지만 의지만 있다면 오히려 쉽게 풀릴 수도 있다고 본다. 왜냐하면 일본의 형식적인 사과를 어디까지 받아들인 것인 가에 대한 문제이며 이는 한국이 키를 쥐고 있기 때문이다. 아마도 일부를 수용하고 나머지는 상호 미래를 위해 협의하자는 형태로 봉합

될 가능성이 있다.

그러나 독도 문제는 궤를 달리 한다. 국경에 관한 문제이며 동해에 관한 지배력과 수산자원 확보가 달려있기에 그 가치를 논할 수 없을 정도로 거대한 국익의 문제이다. 이는 한일 양국에 동일하게 적용된다. 어느 쪽이든 결코 양보를 기대할 수 없으며 언제든지 분쟁의 도화선이 될 수 있다.

더욱 우려되는 점은 우리가 독도문제에 너무 낙관적이라는 점이다. 실효지배하고 있으니 별 문제가 없다는 인식이 매우 높다. 그러나 독도에 대한 일본의 집착은 우리가 짐작하는 수준보다 매우 강하고 집요하다. 그 결과로 독도 영유권 분쟁은 지금도 진행 중이라는 점을 부인할 수 없다. 실효지배를 제외하고는 우리가 일본보다 앞서는 것이 별로 없다고 보는 것이 현명할 것이다.

그동안 일본은 한일 간 우호관계가 돈독하던 시절에도 해마다 두 차례씩 독도 근해에 순시선을 보낸 뒤 독도가 일본영토라는 외교공한을 빠짐없이 보내왔고, 국제사법심판소 제소도 마다하지 않았다. 그들은 언제나 독도가 '역사적으로나 국제법상으로나 일본 고유의 영토'[1]라는 주장에서 물러선 적이 없다.

그들은 더 나아가 우리 사회에 다양한 로비를 펼쳐서 독도문제가 자신들에게 유리하게 처리될 수 있도록 집요하게 노력해왔으며 그동안 대체로 아쉬운 처지에 있던 우리나라는 이러한 공세에 여러 차례 말려들기도 했다. 독도 근해에서의 해군훈련계획이 일본의 압력에 밀려 취

---

[1] 일본은 2024년 4월 16일 발표한 『2024 외교 청서』를 통해 독도가 역사적, 국제법상 일본 고유 영토라는 기존의 부당한 주장을 되풀이했다.

소되기도 했고, IMF 시기인 1999년에 일본에 떠밀려 우리에게 불리한 내용으로 신한일어업협정을 체결하기도 했다.

〈2〉 울릉도 분쟁과 안용복의 영웅적 활약

독도 문제는 울릉도를 떼어놓고 생각할 수 없다. 고대의 울릉도는 우산국于山國이라 불리던 작은 나라였다. 6세기 초, 신라 이사부의 정벌이 있은 뒤에 신라에 복속하여 매년 공물을 바쳤다. 이러한 반독립적인 조공관계는 고려 현종대에 이르러 비로소 중앙정부의 지배하에 편입되었다.

울릉도에 대한 고려의 입장은 주민을 강제로 이주시키는 사민정책이었다. 본토와 너무 멀리 떨어져 있어서 다스리기 어렵고 반란을 꾀할 우려가 있다고 판단되었기 때문이다. 고려는 본토인을 울릉도로 이주시켰으며 자주 관원을 파견하였다.

바다로의 진출을 봉쇄했던 조선조에 들어서자 한 발 더 나아가 공도(空島)정책이 취해졌다. 왜구의 침입을 예방하고 주민관리를 효율적으로 하기 위해 주민들을 본토로 강제이주시켜 무인도로 만들고는 일정 기간마다 관원이 정기 순찰하도록 하였다. 그러나 관원의 정기순찰은 제대로 이루어지지 않았고 이러한 허술한 공도정책이 오늘날의 영유권분쟁을 낳게 하는 씨앗이 되었다.

조선의 공도정책으로 울릉도에 대한 영향력이 감소되자 이 틈을 비집고 일본어민들이 나타나 고기잡이를 했다. 일본 측 주장에 따르면 당시 울릉도에 정착한 일본주민들도 있었다고 한다. 울릉도에서 양국의 어민이 다투는 사례가 늘어나면서 결국, 17세기 말엽에 울릉도에 대한 최초의 영유권분쟁이 발생했다.

당시 일본의 입장을 대변하던 대마도주는, 조선어민이 다케시마(竹島)에서 고기 잡는 것을 금지해 달라는 내용의 서계를 조선에 보냈다. 당시 죽도는 울릉도에 대한 일본식 지명이었다. 조선정부는 '죽도는 곧 울릉도로서 강원도 울진현의 속도이므로 앞으로는 일본어민의 내왕을 금한다'는 내용의 통첩을 보낸 것이다.

서로의 주장이 엇갈리며 조선의 공도정책은 계속되었고 일본어민들의 왕래도 여전했다. 우리 어부와의 마찰도 끊이지 않았다. 대표적인 사례가 동래의 어부 안용복 사건이다.

안용복은 울릉도에서 부딪힌 일본 어부들에게 납치되어 오키섬으로 끌려갔다. 안용복은 울릉도와 독도가 조선의 영토라는 것을 밝히며 일본인의 불법침입과 조업을 금지할 것을 요구했다. 여러 곡절을 겪은 후에 이 내용이 일본막부에까지 올라가게 되었다. 이에 일본막부는 죽도가 조선영토임을 인정하고 일본어민에게 도해금지령을 내렸다.

일본 막부가 독도를 한국 영토로 인정한 핵심적인 문서는 '죽도도해금지령'과 그에 앞선 '돗토리번 답변서'이다. 돗토리번 답변서는 1695년에 작성된 것으로 일본의 돗토리번이 막부의 질의에 답한 문서이다. 막부는 울릉도에 대한 어업권을 주장하던 돗토리번에 "죽도(울릉도)와 송도(독도)는 돗토리번에 속하는지"를 질의했다. 이에 돗토리번은 "죽도와 송도는 돗토리번에 속하지 않는다" 라고 답변했다. 이러한 문서들은 안용복의 활약으로 촉발된 '울릉도 쟁계'의 결과물이며, 이에 따라 울릉도에 관한 분쟁은 큰 획을 긋게 되었다.

그러나 그 후에도 대마도주가 농간을 부려 막부의 지시를 조선에 통지하는 것을 막았는데 안용복이 재차 도일하여 항의하자 결국 1697년에 이르러 동래부로 서계를 보내 일본어민의 울릉도 어채를 금지하겠다고 약속하기에 이르렀다. 이로써 울릉도를 둘러싼 영토분쟁은 확실한 결론을 맺게 되었다. 만약에 이러한 일본막부의 서계가 없었다면 오늘날의 독도분쟁은 격이 다른 울릉도분쟁으로 바뀌게 되었을 수도 있었다.

방치되고 있던 울릉도를 지켜낸 것은 장군도 관리도 아닌, 안용복이란 일개 어부였다. 그가 단지 자신의 어업권을 확보하기 위해 위험을 무릅쓰고 2차례나 일본으로 건너가 협상을 벌인 것이라고는 생각할 수 없다. 국토수호에 대한 결연한 의지와 사명감이 없었다면 불가능한 일이다. 어떤 관리도 못한 위대한 활약으로 국익을 지켜냈지만 조정은 안용복에게 아무런 보상도 내리지 않았으며 오히려 처벌을 높였다. 실제로 안용복은 일본에서 죄인 취급을 받았고 조선에서도 허가 없이 일본에 갔으며 관리를 사칭하며 일본과 교섭했다는 죄로 투옥되고 유배를 당했다. 그 후의 기록은 찾기 어렵다. 지금도 안용복은 널리 추앙되지 못하고 있다. 우리는 예전이나 지금이나 인재를 키우지 못하고 오히려 버리고 있다. 참으로 안타까운 일이다.

〈3〉 독도로 옮겨간 갈등

독도의 쟁점 중 하나는 독도의 역사가 울릉도의 역사에 포함되는가의 문제다. 우리는 독도를 울릉도에 부속되어 있는 섬으로 간주하지만 일본은 별도의 섬으로 보고 그에 대한 영유권을 주장하고 있다. 울릉도는 독도 외에도 죽도라는 작은 섬을 하나 더 거느리고 있다. 부속섬의 숫자와 각 섬의 명칭에 대한 적용이 자료마다 다른 경우가 많아서 이에 대한 해석이 독도에 관한 영유권 논거에 큰 영향을 미치고 있다.

1877년 일본 태정관 지령은 울릉도와 그 외 1개 섬은 일본과 관계가 없다고 명시하고 있다. 다만, 여기서 '그 외 1개 섬'이라는 모호한 표현에 대해 한일 양국의 해석이 갈리고 있다. 한국은 그 1도를 독도로 간주하는 데 반하여 일본은 1도가 울릉도의 부속 섬인 죽도라 주장하고 있다.

그 후로도 울릉도 근해에 일본어민들의 출몰이 잦아지자 조선정부는 1881년 일본 외무성에 항의서계를 보내고 이규원을 울릉도 감찰사에 임명하였다. 이규원은 울릉도에 이미 많은 사람들이 살고 있으며 개척이 필요하다는 내용의 보고를 하였다.

이에 정부는 약 300여 년간 이어지던 공도정책을 폐지하고 울릉도 개척에 나서기 시작했다. 1900년에 이르러 인구가 400여 호 1,700여명에 달하게 되었고, 울릉도가 울도군郡으로 승격되었다. 주목할 것은, 이 칙령에서 울도군의 관할구역으로 울도를 비롯해서 죽도 및 석도石島를 규정했다는 사실이다. 이는 매우 중요한 우리의 논거가 되고 있다.

여기서 석도란 지금의 독도를 가리킨다. 지금도 울릉도 주민들은 독도를 '독섬' 또는 '돌섬'으로 부르고 있다 한다. 참고로 우리가 말하는 죽도竹島란 울릉도 앞에 실제로 대나무가 무성한 작은 무인도를 뜻한다. 일본이 독도를 지칭하는 다케시마竹島와 혼동하지 말아야 한다.

　반면에 일본은 1904년 일본어부 '나까이'가 독도에서의 어업허가를 얻기 위해 일본정부에 '리앙쿠르 섬의 영토편입 및 대하원'을 신청했다. '리앙쿠르'란 명칭은 프랑스 포경선 리앙쿠르가 서양인으로서는 최초로 독도를 발견하고 붙인 이름이다. 굳이 독도를 '리앙쿠르'라고 지칭한 이유는 독도가 최근에 발견된 임자 없는 섬이라는 것을 전제함으로써, 국제법상의 영토취득방식인 무주지에 대한 선점의 법리와 방식을 취하려는 그들의 교묘한 술책이었다.

　일본정부는 이에 대해 1905년 1월 28일 내각결정의 절차를 거쳐 독도를 일본의 영토로 편입하며, 같은 해 일본 시마네현 고시 제40호에서 '본 도서를 다케시마라 부르고 이제부터 본 현의 소속으로 한다.'라고 공포했다. 이러한 일련의 과정은 독도를 빼앗기 위한 요식절차의 성격을 띠고 있다. 그리고 같은 해에 을사늑약이 체결되어 대한제국의 외교권이 일본에 넘어가게 되었으므로 이후부터 독도문제는 일본의 일방통행으로 처리되었다. 독도와 관련하여 대한제국 정부와 어떠한 사전교섭도 없었으며 이후로도 존재하지 않았다. 1906년에 이르러 일본 관리들이 울릉도 군수 심흥택을 방문하여 독도가 자신들의 영토임을 주장하였고 심흥택은 이에 대한 대책을 요구하는 보고서를 올림으로써 그때서야 대한제국 정부는 이 사실을 알게 되었다. 그러나 이미 일본의 압력이 강한 상황이었으므로 17세기의 울릉도 영유권 분쟁과 같은 외교적 교섭은 불가능했다.

　1945년 해방이후, 일본이 강점하고 있던 한반도는 다시 우리 민족의 손에 넘어왔다. 그러나 일본은 독도에 관해서는 1910년 한일합방과는 별개의 문제로서 그 이전인 1905년에 이미 자신들에게 편입된 바 있는 일본령이라고 주장하고 나섰다.

이에 대해 우리 정부는 1952년 1월 18일 '인접해양의 주권에 관한 대통령 선언'을 발표하면서 이른바, '이승만 라인'안에 당연히 독도를 포함시켰다. 일본은 즉각 반발하여 1월 28일 '일본의 영토임에 의문이 없는 이들 도서에 대한 대한민국의 어떠한 가정이나 청구도 인정하지 않는다.'라는 문서를 보냄으로써 독도문제가 구체적 외교문제로 등장하게 되었다.

일본은 1954년 국제사법재판소에 이 문제를 제소하여 국제적 분쟁으로 발전하였다. 다만, 분쟁당사국 모두가 제소해야 심리가 가능한데, 우리 정부가 이를 인정치 않으므로 재판이 성립되지는 않고 있다. 그 이후로도 양국은 정기적으로 또는 수시로 자신들의 주장을 담은 문서를 주고받으며 오늘에 이르고 있다.

17세기 안용복처럼 누가 시키지 않았음에도 아무런 대가 없이 모든 희생을 감수하며 독도를 지켜온 사람들이 있다. 일본은 한국전쟁의 어수선한 틈을 타 독도를 무단점령하기도 했는데, 1952년에는 독도에 '日本領'이라는 표지를 세운 일도 있었고 53년에는 일본인들이 독도에 상륙해 조난어부 위령비를 파괴하는 등 난동을 부리기도 했다.

이에, 울릉도 출신 전역군인들 30여명이 상사출신 '홍순철'을 대장으로 '독도의용수비대'를 결성해 그들을 몰아냈다. 그들은 '이 시대의 마지막 의병'이라는 기치를 내걸고, 일본군함과 수차례 전투를 치르며 56년 경찰에 경비임무를 넘길 때까지 3년 8개월간 독도를 자체적으로 지켜왔다. 그 분들의 용기와 희생이 아니었다면 지금 독도를 실효지배하고 있는 것은 일본이 되었을 지도 모른다.

또한 1980년 일본이 독도영유권을 다시 주장하고 나오자 "단 한 명이라도 우리주민이 독도에 살고 있는 증거를 남기겠다."며 최종덕 씨가 독도로 주민등록을 옮겨서 최초의 독도 주민이 되었다.

〈4〉 영토 분쟁과 실효적 지배의 효과

한·일은 독도가 자국영토라는 주장에 대해 여러 가지 증거와 논리를 주장하고 있다. 영토분쟁이란 것이 일단 발단이 되면 대체로 협상보다는 국력에 의해서 판가름나기가 쉽지만, 군사력의 차이가 크지 않다거나, 여러 나라들과 함께 얽혀있게 되면 결국 주장의 정당성이 중요해진다.

영토분쟁에서 필요한 근거는 첫째, 과거 어느 시기에 자국의 영토였다는 영유권의 원시적 권원에 대한 증명이며, 둘째, 영토를 실효성 있게 점유했으며 지배력을 행사했다는 사실을 증명하는 일이다.

특히, 분쟁 발단의 원인이 된 어떠한 사실이 국제법적으로 불법행위였느냐의 여부와 그로 인해 지배력의 행사가 현재에 이어지고 있다면 이를 유효한 것으로 볼 수 있느냐의 판단이 논쟁의 핵심이 되게 마련이다.

지배력 행사에 있어서는 그 증거라는 것이 대부분 일방적인 국내조치일 뿐이므로, 분쟁상대국에 대한 효력을 증명하기에는 부족하다. 대체로 제시된 증거가치를 상대적으로 평가할 수밖에 없기 때문이다. 결국은 끈기 있게 목소리를 높이는 쪽에 승산이 커지게 마련이다.

일본은 17세기에 처음으로 독도를 발견한 이래로 그 주변 수역을 실제로 전용함으로써 일본영토로서의 원시적 권원을 가지게 되었으며, 1905년에는 정식으로 영토편입조처를 취함으로써 확정적 권원으로 대체하였다고 주장한다.

우리나라가 이미 1430년부터 약 300여 년간 울릉도를 공도정책의 대상지역으로 하여 영유권을 방기하였기 때문에, 당시의 분쟁은 울릉도에 관한 것이었으며 독도에 대한 실효적 지배는 일본이 독점한 상태였다는 주장이다. 따라서 독도는 1910년에 합방된 한반도와는 관련 없는 별개의 대상이라는 것이 이 주장의 핵심이다.

이에 대한 우리의 논거는 대체로 다음과 같다.

첫째, 독도가 예로부터 우리 고유의 영토였다는 것은 국내외의 수많은 문헌과 지도에 의해 입증된다. 일본 측 자료를 보더라도 영유권을 주장한 1905년 이전은 물론 경술국치 이후에도 일본정부의 관찬지도 등에서 독도를 한국지역의 소속으로 다뤘다는 사실은 일본의 영유권 주장과 양립되지 않음이 명백하다.

둘째, 독도를 울릉도와 떼어 논하는 것은 모순이다. 일본이 배타적 영유권을 점유했다는 17세기에는 울릉도에 대한 분쟁이 있었을 뿐이다. 만약, 그러한 점유사실로 독도가 일본영토로 되어야 한다면 울릉도가 예외로 될 수 없다. 따라서 이는 지배력의 행사를 입증하기 어려운 무인도를 택해 영유권 주장을 해보려는 불순한 논리에 지나지 않는다.

셋째, 일본이 독도에 대한 영유의사를 표명한 최초의 행위가 1905년의 시마네현 고시였다는 점이다. 일본은 영토편입조치를 실정 국제법이 요청하는 권원으로 대체하는 것이라고 설명하고 있으나, 국제법은 고유의 영토를 국제법의 변천에 따라 계속 확인하도록 요구하고 있지 않다. 그러한 논리라면 일본은 독도이외의 영토인 일본열도에 대해서도 같은 고시를 선포했어야 한다.

넷째, 1905년 시마네현 고시가 이른바 무주지에 대한 선점행위였다고 주장하지만 행정적으로도 우리의 관할권이 먼저 성립하였음이 입증된다. 1900년의 울릉도가 군으로 승격되면서 독도를 부속도서로 규정하고 있음이 문헌으로 증명된다.

요컨대 일본이 독도를 잠시 점유한 사실이 있었더라도 영토적 지배력을 행사한 것은 아니었으며, 이후 우리 측에 의해 정상으로 환원되었다. 시마네현 고시도 일본의 일방적 행위이므로 국제법적 효력을 가질 수 없다고 봐야 한다.

일본은 우리 외에도 중국, 러시아와 영유권 분쟁을 벌이고 있다. 참고로, 오키나와 남방에 위치한 센카쿠열도를 둘러 싼 중일간의 영유권 분쟁을 살펴보면, 일본은 독도의 경우와는 정반대의 논리를 취하고 있음을 알 수 있다. 센카쿠는 중국인들이 낚시차 이곳에 자주 들렸다는 기록이 있으며 중국에서는 조어대라고 부른다.

일본은 이 섬을 독도(1905년)보다 다소 빠른 시기인 19세기 말에 일본 영토로 고시했으며, 태평양전쟁 이후 미국이 점령하고 있다가 일본이 이어받게 되었다. 그 후, 일본과 중국이 수교하던 70년대부터 본격적인 영유권 분쟁에 휘말려 들어갔다.

일본은 이 문제에 대해 "일본이 실효적으로 관할하고 있기 때문에 영유권 분쟁의 대상이 아니다"라는 입장을 일관되게 천명하고 있다. 반면에 독도 문제에 대해서는 실효지배를 부인하는 상반된 논리를 펴고 있다.

이처럼 유사한 대상을 두고 자가당착에 빠져있는 일본의 입장은 독도에 대한 영유권주장이 영토 욕심에서 비롯된 근거 없는 허구라는 것을 스스로 국제사회에 보여주고 있다. 따라서 우리가 그들의 간교한 논리와 우리의 허점을 파고드는 유혹에 흔들리지 않는다면 독도에 대한 우리의 영유권은 흔들리지 않을 것이다.

〈5〉 잘못되고 또 잘못된 신한일어업협정

그러나 우리는 늘 일본에 당하고 있다. 특히 문제가 되고 있는 것은 1999년 발효된 신한일어업협정이다. 1994년에 신국제유엔해양법이 발효되면서, 국제적으로 영해 12해리, 200해리 배타적경제수역(EEZ) 체제가 확립되었다. 이에 따라 한국과 일본의 수역이 겹치게 되었다. 당시 한국은 1997년 한국의 IMF 국가부도 사태라는 긴박한 상황에 놓여 있었다. 이어 일본이 1998년에 일방적으로 기존의 한일어업협정의 폐기를 선언했다. 이로 인해 동해가 어업 조정에서 무규범 상태로 되자, 새로운 어업협정 체결이 조속히 필요한 상황이 되었다. 이런 상황을 이용해서 일본은 구제금융 제공 협조를 구실로, 신한일어업협정 체결을 밀어붙였다.

　이 협정에서 가장 중요한 사항은 한일간 EEZ의 해양경계기선이었다. 한국 측은 어리석게도 EEZ 기선을 독도에서 일본 쪽으로 긋지 않고, 울릉도와 독도 사이로 설정했다. 그리고 독도 지역을 중간수역(일본측은 잠정수역으로 표현)이라는 애매한 수역에 포함시켰다. 중간수역이란 EEZ를 확정하기 전까지 잠정적으로 양국이 공동 조업할 수 있는 구역을 말한다. 독도가 중간수역에 포함되면서 국제해양법 제121조에 따라 독도는 섬(Islands)으로서의 법적 지위를 포기하는 결과가 되었으며 영해 및 EEZ 에 포함되지 않는 암석(Rocks)으로 전락하는 결과가 되었다. 특히, 이 협정은 중간수역 관리를 일본관리가 직접 관여하는 한일어업공동관리위원회에 맡기고 있다. 이는 독도의 영유권 및 주변 수역의 해양주권을 일본이 관여하게 허락한 것이다. 결과적으로 이 신한일어업협정은 독도에 대한 일본의 영유권 주장을 사실상 인정하는 큰 실수가 되었다.

　당시 한국 정부는 순수한 어업협정이라고 강변했다. 그러나 제1조에서 이 협정은 독도가 포함된 한일 양국의 EEZ에 적용된다고 명시하고 있다. 독도 주변에 EEZ 중복지역에 중간수역설정은 한국의 독도에 대한 계속적, 평화적 지배를 부정하고 있으며, 한국은 어떠한 배타적 지위도 인정받지 못했다. 따라서 신한일어업협정은 독도에 대한 한국의 실효적 지배(effective control)를 사실상 부정하고 있다.

　신한일어업협정은 현재까지 유효하다. 그러나 개선의 여지는 있다. 체약국이 협정을 종료시킬 의사를 서면으로 통고하면 그로부터 6개월 후에 협정이 종료된다. 이 협정의 독소조항을 제거한 새로운 어업협정이 시급히 마련되어야 하는 이유이다.

〈6〉 앞으로의 과제

일반적으로 영유권에 대한 서로의 주장은 대부분 그럴싸한 배경과 역사적 흔적을 가지고 있다. 일본에는 그들 선조의 묘가 울릉도에 남아있었으며 그들의 후손이라는 사람들이 있다고 한다. 확인하지는 못했지만 그들의 주장을 망발로만 몰아붙이는 것은 자칫 그들의 논리에 휘말리는 결과가 될 수도 있다. 그들은 수십 년에 걸쳐 수많은 자료를 쌓아놓고 있다.

중요한 것은, 현재 시점에서의 지배권 행사이다. 우리가 차지하고 있는 땅을 일본이 빼앗으려면 그 방법이 협상이든, 무력이든 간에 어려울 수밖에 없다. 우리가 유리한 고지에 있으므로 섣불리 감정적으로 나서거나 그들 전략에 말려들 이유가 없다.

일부에서 쉬운 말로 주장하는 것처럼, 대마도에 대한 영유권을 선언한다든가 일본상품에 대한 불매운동을 공개적으로 펼치는 것은 오히려 양국 간에 감정싸움으로 비화될 뿐이며 얻는 것은 없게 된다.

생각건대 일본도 현실적으로는 독도를 그들 영토로 삼을 수 없다는 것을 인정하고 있을 것이다. 다만, 일부의 강경여론과 국가적 이해타산에 따라 이를 이용하고 있을 뿐이다. 특히, 독도문제가 국제사법재판소에 다뤄져 어떤 법리가 확정된다면 독도와 센카쿠열도 중 어느 하나를 확실히 확보하게 될 것이라는 계산도 있을 것이다. 한편으로는 200해리 경계구역 선포와 관련하여 보다 유리한 협상고지를 선점하려는 의도도 깔려있다고 보아야 한다.

따라서 우리는 적당히 타협하거나, 일방적으로 무시함으로써 당장을 모면하려는 자세를 취해서는 안된다. 독도가 결코 일본 영토가 될 수 없다는 사실을 충분히 인식시킬 수 있도록 다각적인 방안을 동원해야 한다. 아울러, 영토분쟁은 결국 국력의 문제로 귀결되므로 일본이 우리를 업신여기지 못할 정도의 군사력을 갖춰야 한다.

한편으로는 우리도 국제사회에서 이중적인 자세를 보이지 말아야 할 것이다. 예컨대, 청나라가 중국을 통일한 후 중국내륙으로 이주하고 만주지역에 대해 공지空地정책을 취하였고 우리는 구한말에 일시적으로 간도지방을 점유한 적이 있었다. 그로 인해, 간도가 우리 영토라고 주장한다면 독도에 대한 논리와 배치되고 만다.

우리는 일관된 논리로 원칙을 고수하며 그들의 도전에 당당히 맞서야 한다. 무조건적인 비판과 외면은 오히려 상대로 하여금 우리를 얕보게 만들 뿐이다. 일본 내의 온건파들을 지원하며 우리의 논리를 그들이 구사할 수 있도록 하는 것도 장기적인 해결 방안의 하나가 될 수 있다. 독도를 지키는 가장 확실한 방법은 실효지배를 빈틈없이 유지하는 것이다. 그리고 무엇보다 국력을 강화하는 것이다. 우세한 국력 앞에 정의와 논리는 힘을 잃는다는 역사적 교훈을 우리는 결코 잊지 말아야 한다. 그리하여 아직도 외로운 섬인 독도를 우리의 후손에게는 외롭지 않은 섬으로 넘겨줘야 할 것이다.

서천에서 소로우길을 걷다
ⓒ 강석화, 2025

발행일	2025년 10월 10일
지은이	강석화
발행인	이영옥
펴 낸 곳	도서출판 이든북
출판등록	제2001-000003호
주 소	대전광역시 동구 중앙로 193번길 73
전화번호	(042)222-2536	팩스(042)222-2530
전자우편	eden-book@daum.net
카 페	https://cafe.daum.net/eden-book
공 급 처	한국출판협동조합
	전화 (02)716-5616 (031)944-8234~6

ISBN 979-11-6701-370-5 (03810)
값 15,000원

* 이 책의 판권은 지은이와 이든북에 있습니다.
* 이 책 내용의 전부 또는 일부를 재사용하려면 반드시
  양측에 서면 동의를 받아야 합니다.

* 본 도서는 충청남도 충남문화관광재단 의 후원으로
  발간되었습니다.